経済ヤクザ

一橋文哉

角川文庫
20197

目次

編集協力／メディアプレス

序章　闇の地殻変動

「ワシは企業舎弟やないで」

「もはや表も裏もないで。法律に触れる行為をやっとるかどうかは、確かに表と裏を分ける大きな境目やが、今はほとんどが境目近辺のグレーゾーンをウロつく〝半端モン〟ばかりやから、外から眺めていても全く見分けがつかん。ワシらが出てきた時にはやはり、同じように〝半端モン〟扱いされたが、今じゃ〝半端モン〟を束ねる〝大馬鹿モン〟になってもうたわ」

そう言って大声で笑うのは、企業舎弟として見習い期を含め三十年以上も活動してきた男で、仮に名前を「銭谷《ぜにや》」と呼ぶことにしよう。

主戦場は関西で、若い頃は土建業から不動産、金融、水商売までいろいろな商売を手掛けてきた。どれもちゃんと会社を設立して〝合法ビジネス〟に励んでおり、バブル経済で景気が良かった頃は、幾つかのビジネスを合わせると、月商が軽く億単位に達していたといい、今はほとんどのビジネスを後進に譲り、まとめ役兼相談役となっている。蓄財能力もあり、大阪近郊の豪邸に住み、都内にも億ションを数棟所有するなど〝悠々自適の生活〟を送っているらしい。

「今はバイタリティーを発揮して遮二無二働く時代やない。頭とIT機器を駆使して他人のやらんことをやるのが商売の秘訣《ひけつ》やな。ウチの若い奴らの中には、いくら説明を受けてもよう分からんことやって儲《もう》けとるモンがようけぇおるわ。言っとくけど、法律は犯しておらんで。ウチは真っ当な商売しかやらんのや」

年齢は五〇代半ば。もともと隙間産業界に目を付けるのがうまかったが、「企業舎弟」と呼ぶと、目を剝《む》いて怒り出す。

「ワシはヤクザやないけど、そんなことで怒っとるんやないで。『企業舎弟』も『フロント企業』も皆、警察が作った造語やないか。何でそんな言葉で呼ばれなきゃならんのか。警察も昔作った『暴力団』という言葉がすっかり定着したもんやから、いい気になっとる。ワシら、普通の事業主とどこが違うの？　ちゃんと各種届け出もしとるし、税金も払《はろ》うとる。ヤクザと関係ないなら、『舎弟』はないやろぅが」

配下の若手はいったい、どんなユニークなビジネスを営んでいるのか。

「とにかく機を見るに敏なんや。高齢化社会到来を見越して介護や独居老人の生活を支援したり老人ホームの入所斡旋《あっせん》をしとる奴もいれば、開業を目指す若き医者に医院開設から看護師派遣、訪問診療のお世話したり、荒れた寺を整備し、新しく僧を派遣して墓地造成したり……と、いろんなことをやっとるよ」

それでは社会福祉法人や医療法人、宗教法人の優遇措置を狙って、各法人を事実上乗っ取り、ボロ儲けを狙う闇の紳士たちと同じことをしているのではないか。

「そんな奴らがいるの。知らんかったわ」

と惚《とぼ》けるが、警察当局は既に彼らをマークしており、「企業舎弟」と同じように私も「福祉舎弟」「医療舎弟」「宗教舎弟」と呼んで、取材を進めている。

その銭谷が突然大声を上げたのが、自分たちのような〝半端モン〟を育ててくれた「経済ヤクザの首領」と呼ばれる山口組五代目若頭、宅見勝《たくみまさる》の話になった時だった。

「仕事を教えてくれ、頼りきっていただけに、兄貴が殺《や》られた時は、目の前が真っ暗になってしもうた。ワシらの仕事は全部、武闘派のヤクザもんに潰《つぶ》されるんやないかと覚悟した。涙が出て止まらんかった」

「銭谷」の新しいビジネスの話はおいおい聞くこととして、ここではまず、宅見の話から始めよう。

闇の迷走が始まった

一九九七年八月二十八日白昼、日本の闇社会が激変する衝撃的な事件が起こった。

日本闇社会の雄・山口組のナンバー2で、経済ヤクザの〝首領〟と言われた宅見勝若頭（当時六十一歳）が四人のヒットマンに襲撃され、射殺されたのだ。

それは単に「一千とも二千とも言われる企業舎弟を動かし、年商百億円は下らない大物ヤクザ」（大阪府警幹部）の死では止まらなかった。豊富な資金に裏打ちされた強力な「パワー」と巧みな「テクニック」で、表社会と闇社会のパイプ役や仕切り役を務めてきた宅見の存在は余人を以《もっ》て代え難く、二つの社会に深刻な影響を与えたのだ。

詳しくは第2章で述べるが、ごく簡単に説明すれば、関西を中心に全国各地の大型プロジェクトなどの利権をめぐって、山口組の有力組織同士が奪い合って仲間割れを起こしたり、他の指定暴力団と争った末に抗争事件に発展したり……と、宅見の不在によりトラブルが頻繁に起こるようになった。

そして、何よりも、宅見という大きく頼りがいのある支えを失った表社会が呆然《ぼうぜん》と立ち尽くし、その結果、企業の醜聞や犯罪が次々と明るみに出るなど、まるで無秩序状態のようになってしまったのである。

事件が起きたのは午後三時二十分過ぎ。神戸市中央区のJR山陽新幹線・新神戸駅前に建つ新神戸オリエンタルホテル四階ロビーにあるティーラウンジ「パサージュ」の窓側の席で、三人の山口組最高幹部が談笑していた。宅見と岸本才三総本部長（同六十九歳）、野上哲男副本部長（六十八歳）である。

そこに突然、青い作業服にサングラス、野球帽姿の四人組の男が駆け寄り、二メートル余りの至近距離から宅見に向けて拳銃《けんじゅう》を乱射したのだ。

男たちは四五口径の大型拳銃一丁と三八口径拳銃二丁で計十三発の銃弾を発射したが、七発が宅見に命中し、うち四発が頭や胸を貫通。宅見は意識不明のまま神戸市内の病院に搬送されたが、約一時間後に出血多量で死亡した。

岸本らほかの幹部にケガはなかったが、たまたま隣のテーブルにいた兵庫県芦屋《あしや》市の歯科医の側頭部に一発の流れ弾が当たり、六日後に神戸市内の病院で死亡した。

ヒットマンたちはその場から逃亡したが、兵庫県警の捜査で逃走用の車両などから同じ山口組系組織で、東京に拠点を置く中野会系組員たちの犯行と判明した。

事件がもたらした影響は非常に大きかったが、その割に犯行の様子があまり知られていない。そこで、前出の企業舎弟をはじめ関係者たちの証言や、入手した捜査資料（非公開文書）などから、まずは事件の全容を明らかにしてみたい。

ヒットマンたちが東京・新宿区荒木町の中野会系至龍会の事務所に密《ひそ》かに集められ

たのは、事件の約一か月前の七月下旬であった。召集したのは襲撃の総指揮官を務めた中野会若頭補佐の吉野和利・壱州会会長で、メンバーは度胸や行動力、射撃技術などに優れた〝選《え》りすぐりの六人〟だった。

当初の計画は、持病の肝臓病治療のため東京・千代田《ちよだ》区神田駿河台《するがだい》の日大病院に入院中の宅見を襲撃して暗殺するというものだったが、なかなか好機が得られず断念。六人中四人が八月中旬に大阪入りし、大阪市浪速《なにわ》区日本橋《にっぽんばし》のマンションにあるアジトで別の三人と合流、吉野や現場指揮役に任じられた財津《ざいつ》組の財津晴敏《はるとし》組長の指令によって、最終的に実行部隊のメンバーが神戸総業の中保喜代春《なかほきよはる》若頭補佐をはじめ、加藤総業の鳥屋原精輝《とりやばらきよてる》組員、至龍会の吉田武組員、誠和会の川崎英樹組員の計四人に決定した。

「ワシは必ず宅見を殺る。そのためにお前らを選んだ。しっかりやり遂げてくれや。お前宅見のタマ（生命）取って、ウチの親分（中野太郎会長）に頭になってもらう。お前らの親分も出世してもらわなあかんで」

そう吉野から檄《げき》を飛ばされた四人は以後、互いを「東（吉田）・西（鳥屋原）・南（川崎）・北（中保）」のコードネームで呼び合い、アジトで待機した。

宅見の行動に関する情報は直ちに、そして次々と寄せられた。

まず、八月二十七日午後、大阪市内のイーストホテルで宅見ら山口組の最高幹部が組織犯罪対策法案に対する勉強会を開くとの情報があり、四人は同ホテル近辺に待ち伏せした。だが突然、「中野会長も勉強会に出席するため、そこで殺るのはまずい」とストップが掛かった。続いて「会合後、大阪・北新地《きたしんち》で飲み会がある。集合場所になっている全日空ホテル近くで待機せい」と指示があったが、宅見は姿を現さず、さらには大阪・ミナミのホテル日航大阪に行くとの情報もあったが、結局、宅見は姿を見せなかったという。

襲撃情報の漏洩《ろうえい》を恐れて急きょ、アジトをミナミのマンションに移した四人に対して、「翌二十八日午前十時過ぎに、宅見が山口組総本部で渡辺芳則《わたなべよしのり》・五代目組長と会う」との情報が寄せられ、総本部近くの路上に車を止めて待機したが、宅見が別ルートから総本部に入り、帰りも別の場所で待ち伏せしたが、そこを通らずに移動したため、またしても襲撃は失敗に終わったかに思えた。

ところが午後二時半過ぎ、財津から「宅見は岸本らと新神戸オリエンタルホテルに向かった」との連絡が入り、四人はホテル正面玄関付近に車を止め、ゴーサインが出るのを待った。

四人は財津と一緒にホテルの四階に上がり、自動ドアの外からロビーで待機しているボディガード四人の位置を確認した後、いったん二階に下りて最終準備に入った。続いて財津と鳥屋原の二人が四階に上がり、こっそりと「パサージュ」の入口に近づき、宅見の座る席を確認して二階に戻った。

財津は中保らに「宅見がいることは確認した。奥の窓際のテーブルや。岸本や野上も一緒だが、二人は撃つな。狙いは宅見だけや。全員で宅見を撃て！」と命令し、エスカレーターで四階に上がったところで離れ、別の場所で犯行を見守った。

宅見の座席を知る鳥屋原が足早に店内に入り、中保ら三人が後に続いた。鳥屋原は素早く宅見のテーブルに近づき、名前を呼びかけると、振り向いた宅見を目掛けて二メートル余りの位置から四五口径の大型拳銃を二発発射し、胸部を撃ち抜いた。そして、倒れ込んだ宅見の頭部に続けて二発撃ち込んだ。

宅見を挟み込むように立った中保も、倒れた宅見にとどめを刺そうと胸を狙って三八口径の拳銃を二発発射したが、いずれも命中しなかった。ボディガードの反撃に備え三八口径拳銃を構えて周囲を警戒していた吉田は、岸本が動いたのをボディガードと見誤り拳銃を発射したが、その弾丸は岸本に当たらず、近くのテーブルにいた男性歯科医の頭部に命中したのだ。

事件当時、店内には約二十人、ロビーには約十人の客らが居合わせ、激しい銃撃音と悲鳴、怒号にパニック状態に陥った。四人は上りエスカレーターを逆に駆け降り、ホテル南側の路上に停めていた白い国産乗用車で逃走した。

五代目の不可解な処分

兵庫県警は直ちに生田署に捜査本部を設置、宅見暗殺を狙った計画的犯行と見て、白い乗用車の行方を追った。

事件から約三十分後の午後三時五十分頃、兵庫県尼崎《あまがさき》市内の国道2号線で検問中の警察官が慌てて右折して逃げ去る白い車を発見。車種とナンバーから車は中野会系幹部の所有であることが判明。その所有者が事情聴取に対し、「前日に知り合いの系列組織幹部が『海水浴に行くので貸して欲しい』と言うので貸した」と答えたため、車を借りた幹部の所在を調べたところ、事件前日から姿を消したままであった。

後の捜査でこの幹部は人を介して犯行グループの関係者に車を又貸ししていたことが判明。ホテル北側の駐車場に京都府内で盗まれたナンバープレートを付けた白い乗用車が、キーを付けたまま放置されており、捜査本部は実行部隊がこの逃走車両まで到達できず、乗ってきた白い国産車で慌てて逃走したとの見方を取った。

また、捜査本部は新神戸オリエンタルホテル内外に設置されていた防犯カメラのビデオ映像を解析した結果、青い作業服姿の四人組を確認。近くに吉野に酷似した男が映っていたことや、逃走車両のナンバーなどから中野会系組織の犯行と断定。吉野を別件の競売入札妨害容疑で指名手配した。

事件後、山口組若頭補佐でもある中野太郎は捜査本部の事情聴取に対し、

「事件の時、ウチの組員が新神戸駅近くにいたとは聞いているが、所用で友人に会いに行くためで、その組員はパトカーがサイレンを鳴らして集結してきたので、係わりになるのを恐れて車を急発進させただけや」

と供述し、事件への関与を否定した。

さらに、中野は山口組総本部で開かれた緊急の最高幹部会でも事件への関与を否定したが、山口組執行部は事件から三日経ち、宅見の告別式が終わった八月三十一日、中野太郎を破門処分にした。

破門処分は山口組から追放されるものの、将来、復帰する可能性を残すもので、組から縁を切られ、ヤクザ界から事実上永久追放される絶縁処分に比べると軽い処分である。「中野会が事件に関与した疑いが濃厚だが、まだ実行犯が特定されていない段階だったので、万が一の場合を考えて復帰の可能性を残した」（山口組幹部）とされ

るが、組のナンバー2が暗殺された重大事案にしては処分が軽過ぎたうえ、五代目組長の渡辺芳則がなぜか中野会に同情的で、流れ弾に当たった歯科医師が亡くなったことでようやく絶縁処分に改めたものの、宅見組以外の組員が中野会に報復することを禁じるという不可解な指示を出したため、組織内に少なからぬ動揺と不信感を生じさせ、日本最大の暴力団に次第に亀裂《きれつ》が入り始める。

これを受けて中野は山口組を出ても中野会を解散せず、組員に対しては「一年ほど経てば必ず山口組に復帰できる」と言い続けたという。

こうした渡辺の奇怪な言動はいったい、何を意味しているのか。

その問いに答える前に、宅見暗殺の約一年前に起きた〝前兆〟とも言える事件について説明しておかなければなるまい。

九六年七月、京都府八幡《やわた》市の自宅近くの理髪店で散髪中の中野が、車二台に分乗して乗り付けた地元暴力団・会津小鉄系中島会幹部ら七人に襲撃され、拳銃《けんじゅう》を乱射されたのだ。

中野のボディガード役の組長が応戦し、逆に襲撃した組員二人を射殺、中野にケガはなかった。そもそも会津小鉄は九二年頃から、京都に進出してきた中野会と縄張りをめぐって抗争事件を繰り広げ、この当時はJR京都駅周辺の地域再開発事業に絡んで激しい利権争いを演じていたといい、起こるべくして起きた襲撃事件であった。

会津小鉄はその夜のうちに山口組本部を訪ねて宅見に謝罪し両者の和解は成立したが、その席に生命を狙われた当事者で執行部の一員でもある中野は呼ばれなかった。

この頭越しの電撃和解に対し、中野は強い不満を抱いたと言われる。しかも、会津小鉄が宅見に三億円の和解金を渡したとの噂が流れ、一円も手にしていない中野は宅見が独り占めしたと思い込み、怒りを爆発させたという。

これが宅見暗殺の原因であるというわけで、一見もっともらしく聞こえるし、直接のきっかけになった可能性はあるが、それが真の原因だとすると、渡辺の中野会への異常な肩入れが説明できないだろう。

宅見暗殺事件に関しては、実に、数多くの犯行動機説が乱れ飛んだが、最も有力だったのが武闘派ヤクザと経済ヤクザの対立説だろう。

山口組の本流である武闘派が、バブル期以降に組の内外で主導権を握った経済派に反発を強め、「ヤクザの風上にも置けない奴」といった生理的・本能的嫌悪感を爆発させたという説である。

中でも宅見のカネ回りの良さに対する反発は、半端なものではなかったはずだ。宅見組系フロント企業は「傘下の団体を含めて一千とも二千とも言われ、年商は百億円以上と推定される」(大阪府警幹部)。

また、住友《すみとも》銀行・イトマン事件では少なくとも三千億円以上のカネが闇社会に流出し、そのうち二千億円以上は山口組の手に渡ったとされている。そうした〝収益〟の大半が宅見に集まり、彼だけが儲《もう》かる(宅見が資金を提供し、子飼いの企業舎弟を使って仕掛けた仕事だから、当然ではあるが)ことへの恨みや妬《ねた》みが次第に蓄積され、「反宅見」感情が募っていったのではないかとの見方は、なかなか説得力がある。中野は「ケンカ太郎」の異名を持ち、実入りのいい縄張りを求めて京都、そして、東京進出を果たした武闘派ヤクザの代表的人物で、経済ヤクザの隆盛に対してかなり憤懣《ふんまん》を抱いていたと言われており、さもありなんと思えてならない。

こうした感情は、巨大組織の頂点に立つ渡辺とて同じではなかったか。

山一抗争後の混乱の中で渡辺が山口組五代目組長の座に就くことができたのは、宅見や岸本ら暗殺現場で同席していた組最高幹部の支えがあったからにほかならない。三代目若頭として次期組長を約束されながら病没した山本健一の遺志を継ぎ、最大勢力の山健《やまけん》組をバックにしているとはいえ、まだ四十八歳と若かった渡辺にすれば、宅見らの支援を仰ぐことは止むを得ぬ仕儀であった。

一説には執行部の集団指導体制に担がれた渡辺に対し、宅見が「五年間は執行部に任せ、黙って見守っていて欲しい」と提案し、渡辺も了承したと言われている。

ところが、五年を過ぎても宅見は実権を握り続けたうえ、山健組の勢力拡大ばかりに力を注いできた渡辺に対する組織内の反発も手伝って、逆に「有力組長らの間では密《ひそ》かに渡辺外しのシナリオが進んでいた」との情報を警察当局は摑《つか》んでいた。

これらの話に加えて、中野が渡辺の後見役を自認していたことや、渡辺が宅見暗殺事件から二か月後、高知県の中野会系組事務所を銃撃した直系組長に永久謹慎処分を下し、さすがに身内の山健組組長・桑田《くわた》兼吉《かねよし》からも「組の士気にかかわる」と批判が出るほど中野会贔屓《ひいき》が過ぎたことなどから、この宅見暗殺事件の背後には山口組上層部の熾烈《しれつ》な権力闘争の影がチラついていたことが分かる。

ただ、この暗殺事件が昔ながらの極道の世界からマフィア化に転じつつあった暴力団社会に激震をもたらし、巨大組織の土台部分に大きな地殻変動を引き起こしたことだけは確かだろう。

新たな紛争と暴対法の脅威

この権力闘争は、宅見の死で武闘派の圧勝に終わったように見えたが、実際は組織内が動揺し、トラブル処理で宅見の力に頼り切っていた企業など表社会を混乱させただけで、何一つメリットはなかった。むしろ、闇社会の歴史は山一抗争時代に戻った感さえあった。

武闘派にとって誤算だったのは、渡辺が奔走した中野会の復縁工作が執行部の強い反対で実現しなかったうえ、若頭兼舎弟頭となった岸本を中心に、後に六代目組長を襲名する司忍《つかさしのぶ》（本名・篠田《しのだ》建市《けんいち》）、渡辺の出身母体の組長ながら関係に隙間風が吹き始めた桑田兼吉ら若頭補佐たちが団結し、三代目時代の生え抜きらベテラン勢や若手幹部を登用するなど、早くも渡辺を押し退けて〝次の体制〟確立に向けて、少しずつ動き出したことである。

そんな中、二〇〇五年七月に電光石火の山口組六代目組長襲名を果たした司忍が組織改革の第一弾として行ったのが、肥大化し過ぎた山健組の解体であった。

山健組は最盛期には約八千人の構成員を抱え、日本で山口組に次いで構成員数が多い大規模な指定暴力団である住吉《すみよし》会や稲川《いながわ》会を上回る勢いを示したほどであった。関西では、不動産会社の成り金社長から屋台のおでん屋、ホームレスのオヤジまでが「俺は山健だ」と胸を張るという笑い話が流れるほど、その勇名は轟《とどろ》いていた。

当時の暴力団社会は、構成員の数と組織の勢いにモノを言わせ、ドンパチ（拳銃を撃ち合う抗争事件）で全国各地に縄張りを広げていった武闘派ヤクザ全盛時代から、高学歴の知能派構成員をはじめ弁護士、公認会計士、税理士といった専門家たちを率いて〝合法ビジネス〟で稼ぎまくり、勢力を拡大していく経済ヤクザ全盛時代へと変わりつつあった。山口組随一の組織力を誇る山健組は、武闘派の代表として膨大な勢力を誇示してきたが、同時に傘下組織は〝合法ビジネス〟でも成功を収め、組織内に微妙な温度差が出ていたことは事実である。

司はそうした山健組から有力幹部を選抜し、次々と六代目山口組の直系組長に取り立てるなど勢力を分散。特に、後に島田紳助《しんすけ》問題で名前が出た有力組長の橋本弘文を直系組長に昇格させたことが大きかった。

山健組の勢力は事実上四分割され、本体の構成員は約四千人と半減し、若頭補佐として執行部入りした橋本は司体制を支えるキーパーソンとなった。また、早くから将来を嘱望されていた後の四代目山健組長・井上邦雄も上がゴソッと抜けたことで順調に出世し、山口組若頭補佐に昇格して執行部入りを果たすなど、武闘派、経済ヤクザ問わず、誰もが納得する人事を行ったのだ。

話を宅見暗殺事件に戻そう。

ヒットマン部隊のリーダーだった前出の中野会若頭補佐・吉野和利が九八年七月、潜伏先の韓国・ソウルのマンションで変死体で発見され、韓国当局は病死と発表したが、死体の状況から他殺の疑いが浮上し、関係者に衝撃を与えた。

しかも、吉野を追跡していた宅見組の犯行なら分かりやすかったのだが、そんな形跡は見られなかった。そうなると、田岡《たおか》を襲撃したベラミ事件の鳴海清《なるみきよし》のように、身内による口封じも考えられ、武闘派同士が疑心暗鬼に陥った。

吉野の遺体を日本に移送し、兵庫医科大学で司法解剖した結果、薬物による中毒死と断定されたが、吉野の死をめぐる不気味な噂は決して消え去ることはなかった。

実行犯のヒットマンたちは、逃亡中の国内で警察に逮捕され懲役二十年の実刑判決が確定したり、衰弱して病死体で発見されるなど哀れな末路を露呈した。

また、宅見組を中心とした報復攻撃は九月に入ると次々と始まり、中野会系組事務所などが銃撃されたり、中野会関係者が射殺されるなど次第にエスカレートした。ヘリコプターによる中野会長宅空爆計画が発覚したことさえあった。

そして、九九年九月には大阪市内で中野会若頭が、二〇〇二年四月には沖縄で中野会副会長が射殺されるなど、宅見会系組員による報復攻撃は止《とど》まるところを知らず、中野会側は次第に追い詰められていった。

そして中野自身が病に倒れ車椅子生活となるに及んで、武闘派期待の星・中野会グループの敗北はもはや決定的となり、宅見暗殺事件から八年後の〇五年八月、ついに中野会は大阪府警に解散届を提出した。

この事件による山口組の動揺ぶりを見て組織を弱体化させる絶好の機会と捉《とら》えた警察・司法当局は連携して、幹部の逮捕や組事務所の家宅捜索、繁華街などのパトロール強化といった集中捜査・取り締まり活動に乗り出した。

これまで警察当局は毎年、山口組をはじめ広域暴力団に対する捜査・取り締まり活動を継続的に行ってきた。その中でも日本の刑事警察史上最大規模と言われたのは、一九六四年の東京オリンピック開催を機に実施した「第一次頂上作戦」であった。

戦後の闇社会、特に一部の右翼や暴力団は大野伴睦《ばんぼく》、河野《こうの》一郎ら党人派代議士を中心とした政界中枢と結びつき、反共工作やアイゼンハワー訪日支援など政治的な活動を展開してきた。だが、六〇年安保を乗り切った政府は、児玉誉士夫《こだまよしお》を仲介役とした暴力団と党人派政治家の関係を危ぶみ、児玉の肝煎《きもい》りで結成された「関東会」が六三年に自民党議員に警告文を送りつけたことを契機に、その排除を決意する。

警察力の増強・充実で治安体制は磐石《ばんじゃく》となり、警備に暴力団の手を借りる必要はなくなった。さらに大野、河野の相次ぐ死去などで重しも外れたため、もはや用済みとなったヤクザを壊滅させようというのが「頂上作戦」の隠された狙いであった。

六三年当時の暴力団構成員数は全国で五千百七団体・約十八万人と推計されたが、この「頂上作戦」により三年間で千百五十三団体を解散させ、延べ約十七万人の組員を検挙したというから、かなり苛烈《かれつ》な取り締まりだったと言えよう。

その後も警察当局の圧力は続き、錦政会（後の稲川会）や住吉会などの広域暴力団も次々と解散した。もちろん形だけの解散が多く、後に組織は復活しているが、それでも一度は解散届を出した。最後まで解散しなかったのは山口組だけで、田岡が心労で倒れ危篤状態となり、組員も八千人を切るなど存続の危機に陥ったが、全組員が合法ビジネスの企業に〝入社〟することで乗り切ったという。その意味でもまさに、田岡は〝中興の祖〟なのである。

その後も大阪戦争や山一抗争に対する徹底捜査・取り締まりや、山口組包囲網作戦など数々の重点捜査や集中取り締まりなど、日増しに当局の重圧は強くなり始めていた。そんな矢先に起きた宅見暗殺事件だけに、山口組には重いボディブローのように効いたわけだ。

九二年の暴力団対策法施行以降、度々法改正を重ねるなど法律的にも圧力を強めていた当局は、宅見なき後の執行部を支える司ら若頭補佐三人を「ボディガードが拳《けん》銃《じゅう》を所持していたことに対する共謀共同正犯」容疑などで逮捕した。「共謀共同正犯」と「使用者責任」という拡大解釈された法律を武器に、新たな攻勢を仕掛けてきたのである。

日本の闇社会の様相は、前出の銭谷が企業舎弟として生きてきた四半世紀の間に一変した。〝その筋の人〟が肩を怒らせて繁華街を闊歩《かっぽ》し、ドンパチを繰り広げて力で相手をねじ伏せていた時代から、紳士然とした経済ヤクザが表社会に溶け込み、合法的なビジネスで稼ぐ時代となった。まさに銭谷が胸を張り、大手を振って歩ける時代が到来したのである。

私は二度、宅見本人に会っている。

最初に会ったのは三十年近く前、偶然に東京・銀座の高級クラブで一緒になった。その時は互いに別の客と一緒だったため、あまり話はできなかったが、名刺を出して挨拶《あいさつ》する私に「今日はプライベートだから、仕事の話は抜きにしよう」と言って、にっこりと微笑んだ姿が印象的であった。

紳士然とした姿、優しい態度、普段はドスの利いた関西弁だが、プライベートゆえか、機嫌が良かったのか、滑らかな標準語を使っていた。

同席していた人間とちょっとしたトラブルでもあったのか、宅見は「酒の飲み過ぎじゃないか。もう帰った方がいいよ」と優しく諭したが、相手はなかなか引き下がらなかった。宅見は特に声を荒らげることもなかったが、店外に控えていた屈強なガード役が二人現れて、あっと言う間につまみ出していった。

「これが衣の下に鎧《よろい》を着た経済ヤクザという人間なんだ」

そう感じたことを今でもよく覚えている。

そんな経済ヤクザの首領を暗殺したところで、いったん動き出した闇社会の流れは変わりはしない。

山口組の有力組織同士で、また他の暴力団や闇の紳士たちとの間でトラブルが相次ぎ、一時は無秩序状態になりかけた。だが、ある者は姿を消し、ある者は姿を変えて正体を見えにくくしながら、結局は元に戻った。いや、もはや戻るしかなかったのである。

第1章　経済ヤクザの興亡

暴力団が築いた政権？

「竹下登こそが日本一、金儲《かねもう》けがうまい政治家です。偉大なる政治家、竹下登先生の新政権樹立のために立ち上がろう！」

一九八七年一月、東京の永田《ながた》町から霞《かすみ》が関《せき》にかけて、ボリューム一杯に上げたスピーカーでそう叫びまくる十数台の街宣車が走り回っていた。

車の横腹には、高松市に拠点を置く右翼団体「日本皇民《こうみん》党」の文字が大書されていた。相手を褒めちぎり、結果的にイメージダウンを与える「ほめ殺し」と呼ばれる、この活動は春から夏を通り越して秋頃まで続いた。

時はまさに自民党の後継総裁が決まる頃であり、首相の中曽根《なかそね》康弘《やすひろ》から「右翼活動を止められないようでは後継に指名などできない」と苦言を呈された竹下は円形脱毛症にかかるほど、精神的に追い詰められていた。

何しろ、竹下の盟友で自民党副総裁の金丸信《かねまるしん》が指示して、「政界の暴れん坊」と異名を持つ浜田幸一《こういち》・衆院議員をはじめ竹下派の代議士たちが次々と日本皇民党総裁の稲本虎翁《いなもととらおう》に面会するなど、代わる代わる「ほめ殺し」を止めるよう説得に及んだが、いずれも不調に終わっていたからだ。

ところが、ある日突然、日本皇民党の「ほめ殺し」がピタリと止み、街宣車の姿が街から消えた。そして、その年の十月三十一日、竹下は中曽根裁定によって自民党総裁に指名され、翌十一月に竹下政権が誕生したのだ。

いったい、何があったのか。

その答えは五年後の九二年になって、ようやく明らかになった。

九二年二月、東京佐川急便元社長の渡辺広康《ひろやす》が特別背任容疑で警視庁に逮捕され、その渡辺の供述から特別背任事件と「ほめ殺し」が深く係わっていることが判明したのである。

実は、この「ほめ殺し」を中止させた立役者は、広域指定暴力団・稲川会二代目会長の石井進であり、石井に「ほめ殺し」封じを依頼したのは、金丸から相談を受けた渡辺であった。

どうしても「ほめ殺し」が止まらず、困り果てた金丸は有力な支援者の一人である渡辺に相談したところ、「そういうことなら、石井さんに頼むしかない」と言われ、即座に「頼んで欲しい」と頭を下げた。

八七年十月二日、都内の赤坂プリンスホテルで石井・稲本会談が行われ、竹下が元首相の田中角栄《かくえい》邸を訪ねて謝罪することを条件に「ほめ殺し」中止が決まった。

そもそも日本皇民党が竹下を非難するのは、竹下が恩義ある田中角栄に一言の断りもなく、多数の派幹部や中堅議員を引き連れ田中派を離脱し、自分の派閥を設立したことを、正義に反する忘恩の行いと見なしてきたからだ。それゆえ日本皇民党による「ほめ殺し」は簡単に止むことはなく、やっとのことで中止にこぎ着けたのだ。

ところが、竹下の田中邸訪問がなかなか実現せず、激怒した稲本は「ほめ殺しを再開する」と石井に抗議。石井から「約束を守るように」と叱られた渡辺は十月五日、東京プリンスホテルで竹下、金丸、それに竹下派の次代を担う若手代議士の小沢《おざわ》一郎との四者会談を行い、田中邸訪問について協議した。

竹下は「田中邸には何回か伺ったが、いつも面会を拒否されている。また行っても同じで全くぶざまだ。もう総理になれない」と愚痴を零《こぼ》したが、金丸は「皆、田中のおやじから『反逆者』と怒鳴られながら経世《けいせい》会を作ったのはあんたを総理にするためだ。何を言うか」と叱咤《しった》激励。翌六日、もう一度訪問することになった。

翌朝、雨の中を田中邸を訪問し、田中の側近議員を介して面会を求めたが門前払いを食わされ、その様子は待ち構えていたマスコミによって大々的に報じられた。

竹下は大変な屈辱を味わったが、それが逆に右翼団体に〝評価〟され、約二週間後には中曽根から後継指名を受けることができた。

後継指名された後の十一月中旬、竹下と金丸は東京・銀座の料亭に渡辺を招き深々と頭を下げたが、その様子が漏れて国会で追及され、竹下は釈明に追われている。

金丸は竹下政権誕生後、石井と渡辺を密《ひそ》かに東京・一番町《いちばんちょう》の料亭に招き、御礼を述べたといい、金丸は石井のことを「大した男だ」とほめちぎっていたという。

いずれにしても、竹下政権は暴力団の力なくしては誕生しなかったのではないか、即ち暴力団が築いた政権と言われても仕方がない、日本の憲政史上最も恥ずべき内閣と批判されたのだった。

驚き呆《あき》れるところは、それだけではなかった。「ほめ殺し」が行われた真の理由は実は、佐川急便グループの内紛劇にあった、と言うのである。

新潟から裸一貫で上京し佐川急便を立ち上げた社主の佐川清は、何かにつけて同郷の田中角栄に助けられ、彼に心酔していた。それゆえ、八五年二月に田中から派閥を奪い、創政《そうせい》会（後の経世会）を立ち上げた竹下は絶対に許せない人物だった。

さらに、社内で急速に力を付けた渡辺が東京佐川急便の社長に就任し、佐川急便本体を乗っ取られると恐れを抱いているところに、その渡辺が竹下支援に力を注いだのだ。この二つの事実から佐川は竹下潰しのため、水面下で動き出した。それが「ほめ殺し」の真相である。

闇社会の力を借りて総理の座に就いた竹下は、リクルート事件であっさりと失脚した後も、最大派閥・竹下派を率いて政界に隠然たる力を発揮し、自らが追いやった師の田中角栄と同様に、政界のキングメーカーとして長らく君臨したが、自らがトップの座に就くことは二度となかった。

因《ちな》みに、その竹下は二〇〇〇年六月十九日、膵臓《すいぞう》ガンのため都内の病院で亡くなった。七十六歳であった。

東の横綱・石井進

竹下政権誕生の最大の功労者である稲川会二代目会長の石井進と、前述した山口組五代目若頭の宅見勝が、我が国を代表する経済ヤクザであることに異論を挟む者はいないだろう。

「首都圏を拠点とする石井が東の横綱なら、関西を本拠地とする宅見は西の横綱だ」と企業舎弟の間で囁《ささや》かれ、両者の存在の大きさは他を圧倒していた。

何かにつけて石井と宅見は比較されがちだが、石井は、山口組を我が国最大の暴力団組織に発展させて〝親分の中の親分〟と称され、宅見が崇拝して止まなかったという三代目組長・田岡一雄《かずお》と同じ「戦後の焼け跡・闇市」世代である。

そして、この世代のヤクザには珍しく、戦前の名門中学に通っており、腕っぷしの強さだけでなく、頭の切れる「インテリヤクザ」のはしりと言っていいだろう。

石井は一九二四年一月三日、神奈川県横須賀市で生まれた。当時、著名な進学校であった旧制鎌倉《かまくら》中学（現・鎌倉学園高等学校）に入学したが、不良学生グループのリーダーとなり、三年の時、修学旅行先の三重県で地元のチンピラと乱闘騒ぎを起こして退学処分となった。

その後、横須賀工廠《こうしょう》の工員を経て横須賀市にあった海軍通信学校に入学。二百人以上いた同級生のトップの成績で卒業した後、武山《たけやま》海兵団の通信兵として伊豆《いず》諸島・八丈島《はちじょうじま》にあった人間魚雷「回天《かいてん》」部隊に所属、いつ特攻出撃して玉砕死してもおかしくない境遇に置かれた。

終戦で横須賀市に戻ると、そうした生命を賭《か》けた時代に生き残った強運と〝開き直った人生観〟に加え、持ち前の根性とパワーでたちまち頭角を現し、地元の愚連隊や荒くれ者ら約五百人を率いるボスとして暴れ回った。

その一方で、朝鮮戦争で需要が増した池子《いけご》弾薬庫から米軍基地まで弾薬を運ぶ危険な仕事を一手に仕切り、カネと力を得た。

やがて稲川会の前身である稲川組の一員となった石井は、石塚一家組長代行を経て一九六一年に石井一家を興し、二年後には横須賀一家五代目総長となって、三浦《みうら》半島一帯を縄張りとするなど順調に勢力を伸ばしていった。

実は、石井は六七年に土建会社「巽産業」を立ち上げ、自ら社長に就任している。経営者として、また経済ヤクザとして記念すべき第一歩を踏み出したことになるのだが、この時の石井の事業に賭ける意気込みは並々ならぬものがあった。それ以降、数多くのビジネスを手掛けた石井であったが、彼自身が社長の座に就いたのはこの時だけだという。

そんなやる気満々の若い石井を資金面で援助したのは、七六年に発覚したロッキード事件で政商として名前が浮上した国際興業社主の小佐野賢治《おさのけんじ》だったと言われる。

小佐野は一七年二月、甲州ブドウの産地として知られる山梨県東山梨郡山村《やま》（現・甲州市勝沼町《かつぬまちょう》）で生まれた。小学校卒業後、東京の自動車部品会社に入社し、日中戦争時には単なる一兵卒として大陸各地を転戦した苦労人だった。

帰国後の四一年に事業を興し、箱根《はこね》や富士山麓《さんろく》のホテル、バス会社などを次々と買収したうえ、終戦後の四七年には国際興業会長に就任。後に首相となる田中角栄の盟友として、ともに力を蓄えてきた。

石井が事業を興した六七年頃と言えば、自民党幹事長だった田中角栄が、小佐野も絡んだ「虎《とら》の門《もん》公園跡地払い下げ問題」で脅しをかけてきた政敵の代議士、田中彰治《しょうじ》を前年夏に逮捕させて葬り去り、絶頂期を迎えていた時期。そんな角栄とスクラムを組み意気軒昂《けんこう》だった石井にとって、角栄はまさに大きな後ろ楯《だて》となった。

ところで、稲川会は今でこそ山口組、住吉会と並ぶ警察庁指定の広域暴力団として知られるが、もともとは横浜市の暴力団幹部だった稲川角二（後に聖城《せいじょう》）が四九年、静岡県熱海《あたみ》市の博徒から縄張りを継承して設立した博徒集団であった。

総長賭博《とばく》で実刑判決を受けた稲川が服役後に出所した七二年に、名称を稲川組から稲川会に変更し、稲川が初代会長に、石井がナンバー2の理事長に就任した。

ところが、石井は七八年十一月、韓国賭博ツアーを企画して荒稼ぎしたとして逮捕され、詐欺罪で懲役五年、無許可で無尽講を開いた相互銀行法違反で懲役一年の実刑判決を受けて長野刑務所に服役。八四年十月に出所し、八六年五月には稲川会の二代目会長に就任した。

石井は田岡と同様に、常に〝正業〟への道を目指し、金融や証券、不動産売買など合法的なビジネスによる勢力拡大を図って、闇社会は言うに及ばず、表社会においても「代表的なインテリヤクザ」と呼ばれるようになった。

石井の口癖は宅見のそれと全く同じで、「もはやドンパチでしのぎを削り、決着をつける時代は終わった」であった。そんなビジネス重視の姿勢と、さまざまな商売で築き上げた豊かな経済力が、「稲川一族以外の人間はすべて外様《とざま》で、絶対にトップにはなれない」と言われた稲川会で、石井会長が誕生した最大の理由であろう。

石井の名前が表社会に知れ渡ったのは、一九八六年十月に起こった住友銀行（現・三井住友銀行。以下、住銀と呼ぶ）による平和相互《へいわそうご》銀行（以下、平相銀と呼ぶ）の吸収合併劇である。

当時の平相銀は創業者の小宮山《こみやま》一族によるずさんな経営が祟《たた》り、政財界の裏面で蠢《うごめ》くフィクサーたちや右翼団体、暴力団が群がり、「闇社会の貯金箱」と呼ばれる有り様であった。そのため、この住銀によるビッグプロジェクトには闇社会の面々や政財界の大物たちが雲霞《うんか》の如く押し寄せ、互いの利害関係が複雑に絡み合って、身動きが取れない状態になっていた。

創業者と親しかった石井は陰から平相銀を支え、闇社会の攻勢に対峙《たいじ》して強力な防波堤となり、さまざまなトラブルを解決するなど吸収合併の立役者となった。

さらに翌八七年、前述した竹下登の総理就任をめぐる右翼団体・日本皇民党による「ほめ殺し」騒動を封じ込んだ一件で、石井の存在は不動のものとなった。

この時、金丸信の依頼で石井との仲介の労を取った東京佐川急便社長の渡辺広康がその後、石井率いる稲川会に食い込まれ、見る間に資金源と化していった様は、後に東京地検特捜部が摘発した東京佐川急便事件で明らかになるのだが、石井が経済ヤクザとして飛躍したのはこの一連の事件に関わったことが大きい。

それまで右翼団体や暴力団に睨《にら》みを利かせるなど、終戦直後の混乱期から闇社会に君臨してきた黒幕・児玉誉士夫が八四年一月に病没。彼とともに元首相・田中角栄の盟友として時の権力者たちを陰から支えてきた政商・小佐野賢治も八六年十月に亡くなっており、石井は新しい「闇社会の首領」の座に向かって大きく踏み出した、と言っていいだろう。

大疑獄事件をかわした男

田中角栄、児玉誉士夫、小佐野賢治……という名前を聞いて真っ先に思い浮かべるのは、戦後最大の疑獄・ロッキード事件であろう。

全日空の次期購入旅客機の機種選定をめぐり、米ロッキード社が全日空に影響力のある日本の政治家たちに賄賂《わいろ》をバラまいて裏工作したとされる事件で、東京地検特捜部は一九七六年六月から全日空や丸紅《まるべに》の最高幹部を次々と逮捕。翌七月にはこの事件の影響で退陣に追い込まれたばかりの前首相・田中角栄を、八月には元運輸相の橋本登美三郎《とみさぶろう》と元運輸政務次官の佐藤孝行《こうこう》を逮捕（田中角栄は一、二審で有罪判決を受け、最高裁への上告中に病死したため裁判は終了）し、社会に大きな衝撃を与えた。

発端は同年二月、米上院外交委員会多国籍企業小委員会の公聴会で、ロッキード社上層部が自社のトライスター機を全日空に売り込むため、日本側に一千万ドル（当時約三十億円）以上の裏金を工作資金として投入していたと暴露したことに始まる。

この公聴会でロッキード社会計監査人は「裏工作は右翼フィクサーの児玉誉士夫を中心に行われ、児玉には既に総額約七百万ドル（二十一億円）に上るコンサルタント料を渡していた」と〝爆弾発言〟に及んだ。

また、同社前副社長のアーチボルト・コーチャンも「裏金は我が社の正規の代理店である総合商社・丸紅と、政商として名高い小佐野賢治の二方向から日本政府中枢と政界全般に流れていたことは間違いない」と証言したため、大騒ぎとなった。

実際、七二年の田中政権誕生と同時に、全日空はほぼ決まりかけていたダグラス社のDC10機採用を全面的に撤回し、その直後にロッキード社のトライスター機導入を決定するなど、不可解な動きを見せている。

東京地検特捜部は政界への裏工作を①丸紅から直接、田中角栄に五億円が流れたとされる「丸紅ルート」、②児玉誉士夫から小佐野賢治を通じて永田町に裏金がバラまかれたという「児玉ルート」、③全日空から自民党運輸族を中心とした政治家たちに裏工作資金として渡されたと見られる「全日空ルート」の三ルートに分け、それぞれの資金流通経路や政治家の役割と機種選定との関わり方などを徹底的に追及した。

その結果、政界ではほかに、後に首相を務めた中曽根康弘や田中派の大番頭・二階堂進《すすむ》ら十数人の〝灰色高官〟の存在が浮上し、一気に永田町の腐敗構造の解明が期待されたが、大山鳴動ネズミ一匹。結局は直接的な職務権限がないことなどを理由に、これら政治家たちを受託収賄罪で起訴することはできなかった。

このロッキード事件の根底には、実は、日米の巨大な防衛利権と、GHQが君臨していた終戦直後の時代から営々と続いてきた国家の安全保障に絡む奥深い癒着の構図が横たわっていたのだ。

具体的には、防衛庁（現・防衛省）の「防衛計画の大綱」で八二年までに海上自衛隊に配備される予定になっていた次期対潜哨戒《しょうかい》機導入に絡む汚職疑惑（P3C疑惑）

が密《ひそ》かに進行していたし、少し遅れて発覚したもう一つの事件も一緒に捉《とら》えなければ、全体の構図が見えてこないほど大規模な疑獄事件だったというわけである。

　次期対潜哨戒機については当初、国内の航空産業育成のため国産機を導入する方向で話が進んでいたのに、田中政権誕生直後の七二年十月、国防会議は突然、国産化方針を撤回。再検討の末、七七年十二月にロッキード社のP3Cオライオンを導入することが決まった。この不可解な決定の裏に、ロッキード社による政界工作があったことは言うまでもなく、そこでも児玉の名前が浮上したが、この疑惑には全く捜査の手が及ばず、真相が解明されないまま事件は幕引きとなった。

　さらに防衛庁の航空機導入には、もう一つ別の疑惑もあった。ダグラス・グラマン事件である。これも米国で弾《はじ》けたからこそ表面化した疑獄と言える。

　米証券取引委員会が七八年十二月から翌七九年一月にかけて、マクドネル・ダグラス社による日本政府へのF4Eファントム戦闘機売り込みのための贈賄容疑とグラマン社によるE2Cホークアイ早期警戒機売り込みのための贈賄容疑を告発したのだ。

　告発状によれば、この二社を日本の政界に繋《つな》いだのは総合商社の日商岩井で、岸信《きしのぶ》介《すけ》や福田赳夫《ふくだたけお》、中曽根康弘といった自民党の大物議員と、当時の防衛庁長官・松野頼《らい》三《ぞう》らに少なくとも一万五千ドルの裏金を支払ったとされた。東京地検特捜部も捜査に乗り出したが、七九年二月に日商岩井の常務が自殺し、政界へは届かなかった。

ロッキード事件は民間航空機のみならず自衛隊機の機種選定、延《ひ》いては日本の防衛戦略全般に関する商戦で、日本の政界への裏工作、即ち賄賂攻勢が効果的であるという腐食の構図を浮き彫りにしたと言えるだろう。そして、この事件は前総理起訴という形で一応のケジメが付いたように見えるが、真相解明には程遠い内容だ。

その理由としては、田中角栄の行動をよく知る専用車の運転手が自殺し、元丸紅幹部らキーマンたちも次々と不審な病死や事故死を遂げていることが大きい。

それに、この事件はもともと米議会でロッキード社が証言する代わりに訴追されないという司法取引のうえで明らかにした話が端緒であり、東京地検特捜部も初めから米国側の資料をもとに事件の筋立てを検討したもどかしさがある。そこで検察首脳が国家体制の根幹である日米安保の聖域に手を突っ込むことを躊躇《ちゅうちょ》し、また捜査の過程で検察当局だけでなく関係者すべてに「細かい所まで追及し明らかにしたら大変なことになるぞ」と日米政府筋から圧力がかかったことは、想像に難くない。だからこそ田中は判決後も、『闇将軍』として政界に睨みを利かせることができたのである。

永田町では事件から四十年余経った今でも、「角さん（田中元首相）は米国の虎の尾を踏んでしまったんだ」との会話が交わされ、米国陰謀説が根強く残っている。

「角さんは当時、日中国交正常化を図るなど中国に接近し、北海やソ連領内の油田に関心を持って共同開発プロジェクトに向けて動き出すなど、米国離れと思われても仕方がない姿勢を示したため、米政府がCIAに命じて、親中派で米国の国益に反する角さんを葬るために罠《わな》を仕掛けたんだ」（元自民党衆院議員）

このロッキード事件の捜査で最大の問題点は、永田町に巨額のカネをバラまいたとされる「児玉ルート」の解明が不十分だった、と言うより未解明のまま終えてしまった児玉の口の固さだろう。

ロッキード事件発覚後、疑惑のど真ん中にいた児玉は病気と称して都内の大学病院に逃げ込んで東京地検特捜部の追及をかわし、国会の証人喚問を防ぐために病院側の協力を得てニセの診断書を用意したとされる。

最後は、彼の病状に疑いを抱いた国会が医師団を派遣したことに対応し、自ら薬物注射までさせて疑惑追及を乗り切った、というのである。

早々に児玉の秘書を逮捕するなど事件の真相解明に強い意欲を見せていた東京地検特捜部だったが、児玉が当初は病状悪化を理由に事情聴取に一切応じず、後に渋々と応じた後も頑として口を割らなかったため、さしもの鬼検事も全く打つ手がなかったという。結局、次第に追及が尻《しり》つぼみとなり、事件の真相解明ができず、ついに大魚を逸してしまった。

闇勢力の結集を求めた自民党

児玉とはいったい、どんな人物なのか。

児玉はもともと玄洋《げんよう》社系右翼としてスタートし、一九二九年には赤尾敏《あかおびん》率いる建国会に参加して天皇直訴事件を起こし、大川周明《おおかわしゅうめい》一門が率いた全日本愛国者共同闘争協議会時代には国会ビラまき事件や井上準之助蔵相脅迫事件で投獄されている。

三一年に釈放後は満州に渡って暗躍したり、クーデター事件を起こしたりと散々暴れ回った挙げ句、笹川良一《ささかわりょういち》門下を経て上海で児玉機関を設立した、という筋金入りの右翼であった。

児玉機関は四一年、海軍航空本部の戦略物資調達機関として上海に設立された。特攻隊の生みの親として知られる同本部の大西瀧治郎《たきじろう》少将の後見を得て、右翼系大陸浪人がゴロゴロいる中で、後に大物右翼フィクサーとして活躍する吉田彦太郎や岡村吾一、岩田幸雄ら海千山千の荒くれ男たちを従え、中国の犯罪組織などと連携しながら物資の略奪に奔走した。

戦後、児玉が日本の〝黒幕〟と呼ばれ、さまざまな事件や出来事の舞台裏に登場するようになったのは、こうした強《したた》かな仲間たちの協力と、上海で集めた大量の貴金属類を終戦のどさくさに紛れて密かに日本に持ち込み、隠匿したからだとされている。その莫大《ばくだい》な闇資金が後に、鳩山一郎《はとやまいちろう》の自由党創設時の資金として活用されたことは知られるところだ。

終戦直後、児玉は笹川良一らとともにGHQ（連合国軍最高司令官総司令部）から「A級戦犯容疑者」に指名され、巣鴨《すがも》プリズンに収監された。後に無罪判決を得て、四八年には釈放されたものの、公職追放や団体解散などの処分を受けている。

ところが、GHQの民主化政策の影響で、終戦間もない四〇年代後半は日本共産党や左派系労組が躍進し、戦後の焼け跡時代に力をつけた在日の外国人グループが跋扈《ばっこ》したため、逆に反共親米を打ち出した右翼勢力がすかさず擡頭《たいとう》してきた。

こうした新しい右翼団体は、戦争遂行派だった戦前の伝統的な右翼組織が消えていったうえ、五〇年に朝鮮戦争が勃発《ぼっぱつ》したこともあって力を伸ばし、やがて政界の音頭で暴力団と団結して武闘派地下組織「反共抜刀隊」を創設する動きまで出てきた。

六〇年には改定日米安保条約締結反対（六〇年安保闘争）のデモ隊が全国各地で烈しく暴れ回る中で、米国大統領・アイゼンハワーが来日することになり、警察の警備だけでは心もとないと判断した自民党安全保障委員会は、首都圏の暴力団組織を結集して右翼市民運動として偽装し、デモ隊を蹴散《けち》らすという今では考えられないような方針を決定した。

その時、暴力団組織や右翼団体の取りまとめを依頼されたのが児玉であった。釈放後の児玉はGHQや巣鴨仲間の岸信介らに食い込み、上海から持ち帰った闇資金やGHQの一部と組んで密輸などで儲《もう》けた裏金を使って政財界に強大な影響力を持つようになっていた。さらに上海時代の仲間たちが暴力団や右翼組織を率いるなど顔役になっており、暴力団「北星会」会長となっていた岡村吾一を通じて暴力団の錦政会（後の稲川会）や住吉一家など関東を代表する親分たちが瞬く間に集まり、三万人を動員するまでに膨らんだ。

一方、右翼団体も「全日本愛国者団体会議」（全愛会議）として結集した。

結局、警備上の不安などの理由でアイゼンハワー来日が中止となり、この勢力結集は実らなかったが、「全愛会議」は六五年頃には、結成当初の五倍に当たる四百団体以上が集まり、名実ともに日本の右翼の統一組織に発展した。

児玉はその後、二十八団体からなる「青年思想研究会」を結成し、七〇年安保闘争がピークを迎えた六九年に「全愛会議」を脱退すると、軍事訓練して左翼・学生運動家らを襲撃するなど活動を過激化していった。

また、暴力団については当初、全国の有力組織を「東亜同友会」という組織にまとめようとしたが、山口組など西日本の有力組織が参加せずに失敗し、六三年に関東の組織だけを集めて、約一万四千人からなる「関東会」を結成した。

闇社会の大同団結を目指した児玉の目論見《もくろみ》は道半ばであったが、こうした動員力が彼をして不動の大物フィクサーの座を占めさせることに繋《つな》がったことだけは間違いあるまい。

朝鮮戦争勃発をきっかけに再軍備の道を歩み始めた日本では、一九五四年に自衛隊が発足し、多額な国家予算を投入して強大な軍隊を作り上げていくことになった。それだけにロッキード社は政界への迅速な裏工作の重要性を痛感し、児玉の力を頼りにし始める。実際、児玉は五〇年代半ばには、全日空など民間から防衛庁まであらゆる航空機の機種選定に絡む疑惑に姿を現すようになった。

そして、前述したロッキード事件の発覚である。

ロッキード事件の捜査の過程で、ロッキード社と児玉誉士夫の間で六九年から秘密代理人としての契約が交わされていたことが判明。特に七三年の契約書には、

《年間コンサルタント料五千万円。防衛庁へのP3C対潜哨戒機《しょうかいき》五十機以上の売り込みに成功した場合には成功報酬が十五億円……》

などと記され、破格な金額の契約書が交わされていたことが分かっている。

だが、結局、ロッキード事件の背後には日米両政府の中枢にいる政治指導者たちと米軍産コンツェルンが結託し、日米間の安全保障体制と利権の構図を温存しようという強い意志が働いていたと考えられ、彼らにとって目障りだった田中一人に責任を取らせて疑惑に蓋《ふた》をし、事件の解明には程遠い結果に終わった。

しかも、ロッキード社の求めに応じて児玉の通訳を務めていた日系二世で元米軍将校の福田太郎は、事件発覚後も怪しげな日系二世人脈を使ってさまざまな分野で暗躍したが、事件最中の七六年に急死した。彼が入院して治療を受けていた病院は、児玉のニセ診断書を発行したり、彼に薬物注射したところであり、疑惑が一層深まっただけであった。

かくして時の権力者・田中角栄は有罪には追い込まれたものの、事件の真相は解明されず、その後も政界の「闇将軍」として権力を持ち続けた。

そんな田中の物凄《ものすご》いパワーと無言のプレッシャーに屈し、検察当局はその後十年余にわたり、ロッキード裁判を全力を挙げて闘わなければならなくなってしまった。

そのため、新たに大がかりな疑獄事件の捜査に着手できない日々が続き、特捜検察は苦難の時代を迎えたと言っていいだろう。

奇《く》しくも、このロッキード事件で世間が騒然としていた時に、石井は児玉の守護役を務めてきた稲川会のナンバー2の位置に上り詰め、ダグラス・グラマン事件が弾ける頃には韓国賭博《とばく》ツアー疑惑で逮捕され、服役していて不在。そして出所した時には児玉の時代は終わり、幸運にも首都圏における闇社会の首領の座が転がり込んできたのである。

リクルート捜査も不発に終わる

一九八八年、前述の検察当局が十数年ぶりに着手した大型疑獄事件が突如として火を噴いた。リクルート事件である。東京地検特捜部は久々に政治家や高級官僚らの事情聴取を行い、家宅捜索をはじめとする証拠集めに奔走するなど活気を取り戻した。

リクルート事件より前の八六年に、東京地検特捜部は旧平相銀の特別背任事件の摘発に乗り出している。確かに汚職事件ではないが、田中の権力を奪取した竹下政権を揺さぶった事件だし、後にイトマン事件など大型経済事件に繋がる重要犯罪なだけに

「政権が復活したのではないか」との批判もあるだろうが、平相銀事件に対する検察当局の姿勢ははっきり言って及び腰で、一部の検事を除き、自ら疑惑を揉《も》み消したと見られても仕方がないような捜査しかしていなかったと言えよう。

さて、意外なことに、このリクルート事件の火蓋《ひぶた》は八八年六月、神奈川県川崎市の助役に対する一億円利益供与疑惑から切って落とされた。

リクルート社が、店頭公開すれば値上がりが確実といわれるグループ企業・リクルートコスモス社の未公開株を、株式公開直前に譲渡することで相手に大儲《おおもう》けさせるという、言い換えれば変則的な贈賄の手口で周囲に配っていたことが発覚。その規模は単なる川崎市の汚職事件どころではなく、大勢の有力政治家を巻き込んで、戦後有数の大疑獄事件に発展した。

事件は、元リクルート社会長の江副浩正《えぞえひろまさ》が自社の規模を就職情報を中心とした出版事業から不動産業、そして総合的な通信・情報産業を核とした巨大企業に発展させるため、政財界への影響力拡大を計画。そのために与野党の有力政治家や、本業の就職情報関係の監督官庁である労働省（現・厚生労働省）と文部省（現・文部科学省）の高級官僚、通信業界最強のＮＴＴを中心とした業界関係者に、八六年ころからコスモスの未公開株約七十万株を大量にばらまいて譲渡したというものだ。

東京地検特捜部の調べによると、これらの株を譲渡された有力者は約百人。大口としては当時、現職の首相だった中曽根康弘が圧倒的に多くて二万九千株（秘書名義を含む）、次いで安倍晋太郎《あべしんたろう》や竹下登、宮澤喜一《みやざわきいち》ら次期首相候補と、現職官房長官の藤波孝生《ふじなみたかお》が各一万数千株。以下、渡辺美智雄《わたなべみちお》や加藤紘一《かとうこういち》、森喜朗《もりよしろう》ら派閥領袖《りようしゆう》クラスがズラリと並び、譲渡された政治家は秘書名義も合わせると二十六人に上った。

このほか、官僚は文部、労働の各事務次官クラスまで登場。NTTも会長の真藤恒《しんとうひさし》ら幹部が揃っていた。

何と言っても、この事件で度肝を抜かれたのは、国会での〝爆弾質問男〟として知られる社民連衆院議員の楢崎弥之助《ならざきやのすけ》に対して、コスモス社社長室長が現金五百万円を渡し〝国会質問封じ〟を働きかける姿がビデオで隠し撮りされ、九月に日本テレビ系で放映されたことだろう。いくらビジュアル化時代到来とはいえ、絶対に見ることができない本物の贈賄現場シーンに国民は興奮し衝撃を受けて、烈《はげ》しい嵐のようなリクルート批判が沸き起こった。

マスコミの報道合戦も十月の社長室長逮捕以降エスカレートの一途を辿《たど》り、十二月に宮澤が蔵相辞任、真藤の会長辞任、さらに法相、経済企画庁長官辞任と続き、翌年二月に江副逮捕、三月のNTT前会長や次官二人逮捕でピークに達した。

そして、首相に就任したばかりの竹下が四月に退陣表明し、いよいよ政界汚染の摘発かと期待されたが、多くの大物政治家の名前が乱れ飛んだ割に、結局は藤波ら二人が在宅起訴されただけで、疑惑の追及は尻切《しりき》れトンボに終わってしまった。

明らかに真の巨悪はほかにいたし、少なくとも中曽根、竹下という二代の首相は追及されて然《しか》るべきであったのに、「秘書がやった」で済まされ、巧みに逃げ切られてしまったのだ。政治的制裁を受けただけで捜査が打ち切られていいのか。何らお咎《とが》めを受けなくてもいいのだろうか。

江副から政界へは少なくとも数億円、実際は数十億円が流れたと言われたが、そのカネはいったい、どこに消えてしまったのか。リクルート社の幹部たちの間では『政治家への裏献金リスト』が備えられていて、多額の現金が渡されていた実態が綴《つづ》られていたのだが、特捜部はその裏献金リストの押収に失敗し、結局、カネの流れははっきりとしないまま終わってしまった。

また、リクルート事件と言えば、必ず登場する謎の出来事が、竹下が退陣表明した翌日の八九年四月二十六日に内情に詳しいベテラン秘書が自殺したことだ。二年後には地元島根でも金庫番だった秘書が謎の自殺を遂げており、彼らの死が竹下の政治生命を救ったことは間違いない。

ほかの疑獄事件でも同じなのだが、竹下が曲がりなりにも摘発を受けず、政治家を続けてこられたのはキーマンたちによる「死の奉公」があったからにほかならない。戦後の疑獄事件がなかなか解明されない原因の一つに、こうしたキーマンの自殺や不審死があることを書き留めておきたい。逆に言えば、そこに闇社会の怖さを見ることができると言えよう。

検察当局の追及が不発に終わり、政治家らが逃げおおせてしまう事件は、昔から山ほど記録されている。事件の完全解明は望むべくもないが、まずまず解明できたと思われる疑獄事件の捜査を挙げる方が難しいと言わざるを得まい。

戦後初めての本格的な疑獄事件は一九四八年四月、衆議院不当財産取引調査委員会での追及で火が付き贈収賄事件に発展した「昭電疑獄」であろう。

戦後の復興費用を低利で貸し付ける政府系金融機関『復興金融公庫』から有利な融資を引き出そうとした昭和電工が多くの政治家や高級官僚らに賄賂《わいろ》を贈った事件で、警視庁は六月、昭電社長の日野原節三《ひのはらせつぞう》を贈賄容疑で逮捕したほか、十月までに当時の大蔵省主計局長で後に蔵相や首相になる福田赳夫や、経済安定本部長官の栗栖赳夫《くるすたけお》、前副総理で社会党幹部の西尾末広《にしおすえひろ》ら六十四人を逮捕した。

終戦後の混乱期には多くの汚職事件が起きているが、この事件は逮捕者数はもとより、政官界への影響などを見ても群を抜く大事件だった。前副総理が逮捕されたことで芦田均《あしだひとし》政権は総辞職に追い込まれたが、十二月には前総理の芦田までが逮捕され、政治の世界から完全に姿を消した。もっとも、後の裁判では起訴された大半が無罪判決を得ており、日野原ら数人だけが有罪という政権を倒した疑獄事件にしては何とも情けない結果に終わっている。

　唯一ほくそ笑んでいたと見られるのが、次の総理の座に就いた吉田茂《よしだしげる》だろう。それもそのはずで、この事件の絵図を描いたのは吉田と、彼の側近で終戦連絡事務局次長の白洲《しらす》次郎《じろう》、そしてＧＨＱの情報機関と見られているＧ-２（参謀部第二部）部長で少将のチャールズ・ウィロビーだと言われていたからだ。

　そして、実際の工作活動はＧ-２直属の反共工作秘密機関「キャノン機関」が主導しており、その傘下で様々な地下工作活動に当たっていた日本人エージェントの矢板《やいた》機関と、何と国警本部（警察当局）が関わっていたというから、これこそ謀略以外の何物でもあるまい。

　矢板機関とは、もともと上海で陸軍の物資調達を行っていた矢板玄《くろし》が社長を務める会社「亜細亜産業」を中心とするグループで、大物右翼の三浦義一《ぎいち》と親しく、その紹介でＧ-２に出入りするようになったと言われている。

その矢板機関には当時、三浦や児玉誉士夫、笹川良一ら大物右翼から吉田茂、岸信介、佐藤栄作《さとうえいさく》ら政府・自民党首脳、社会党幹部の西尾や共産党幹部の伊藤律《いとうりつ》まで多彩な人々が出入りし、極めて緊張感あふれる政治サロンと化していたという。

当時の捜査資料によれば、彼らの狙いは当時、GHQの中で最も権限を持っていたGS（民政局）次長のケーディスだったという。彼はGSを事実上動かしている実力者で、『復興金融公庫』を指導・監督する立場から日本の復興資金を自由に操っており、昭和電工も接待攻勢や賄賂漬けを仕掛けた相手だった。そのため汚職疑惑が浮上したのだが、本来なら日本の警察ではどうすることもできない相手だった。ウィロビーはライバルのケーディスを、吉田は政敵の芦田を、そして元昭電社員の矢板は恩義のある創業者一族の敵だった日野原を追い落とすため、この陰謀に加担したとされている。

肝心のケーディスは逮捕できなかったが、金銭的な不祥事に加え、元子爵夫人との不倫スキャンダルが暴露され、反共保守派のロビイストらの手で米国のメディアで取り上げられ、翌四九年五月に更迭されており、皮肉にも数少ない成果の一人だった。

いずれにせよ、永田町や霞が関を巻き込むような大型疑獄事件は二十世紀末で、いや昭和（一九八〇年代）で終わりを告げたと言ってもいいだろう。

それは、東京地検特捜部の捜査能力や検察首脳の決断力の低下（仮に事件の端緒が見られても政治家逮捕などの決断が下せないひ弱さ）、政治家の小物化、バブル崩壊による経済状況の悪化と利権など〝うま味〟の縮小……など、様々な理由があるだろうが、経済ヤクザや闇の紳士たちの擡頭《たいとう》に加え、IT機器の普及で、闇社会が表舞台に登場し、もはや政治家の力などに頼らなくてもよくなったのではないだろうか。

闇社会に静かに、それでいて大きな地殻変動が起きてきたことだけは間違いない。

平相銀合併の陰の立役者

石井が経済ヤクザとして表社会にデビューしたのは、前述した住銀による平相銀の吸収合併劇である。

金属廃材回収業から身を起こした小宮山英蔵は金融業を経て、一九五一年、平相銀を設立した。水商売を顧客にして急成長を遂げたが、やがてそれは総会屋や右翼団体、暴力団など闇社会の面々が群がり、「闇社会の貯金箱」と揶揄《やゆ》されるほどの乱脈経営となった。

特に七九年六月に創業者の英蔵が死亡すると、小宮山一族同士や経営陣との間で激しい内紛が起き、元特捜検事で監査役に就任した伊坂重昭《いさかしげあき》が経営の実権を握って落ち着いたが、その時には小宮山一族が保有する大量の株式が〝最後のフィクサー〟と言われる佐藤茂の手に渡っていた。

佐藤は稲川会の石井進と同じ一九二四年の五月、茨城県石岡市に生まれた。地元の青年学校を中退し国鉄職員の養成機関・東京鉄道教習所に入った佐藤は、水戸鉄道管理部の保線区に配属され、中国に派遣され終戦を迎えた。国鉄を退職後、様々な職業を転々とした佐藤だが、柔道を通じて人脈を広げ、旧川崎財閥の三代目当主の目に留まり、同財閥の資産管理会社「川崎定徳《かわさきていとく》」に入社。終戦後の混乱期に巣くっていた不法占拠者やゴロツキらを相手に一歩も引かない姿勢が当主の絶大なる信頼を獲得し、七三年四月には同社の「終身社長」に就任するほどになった。

そんな佐藤のもとには様々なトラブル処理の話が持ち込まれるようになった。

そのため、佐藤は闇社会の暴力装置としては住吉会会長補佐の亀井利明、稲川会会長の石井進、大物右翼の豊田一夫らと交流を持ち、表社会では首相の竹下登、副総理の後藤田正晴《ごとうだまさはる》、衆院議員の中尾栄一《なかおえいいち》ら政治家、三井銀行会長の小山五郎、日本精工会長の今里広記ら財界人、ほかにも東海大学総長の松前重義、警視総監の土田国保ら多彩な人脈を誇った。

その佐藤に持ち込まれたのが、住銀による平相銀の吸収合併劇であった。

稲川会の石井はもともと、海軍通信学校の後輩が小宮山英蔵の側近だった関係で英蔵と親しく、自分が経営する巽産業も平相銀から融資を受けていたほどだ。また、韓国賭博《とばく》ツアー事件の弁護団員の一人として石井を支えてきたのが伊坂だったため、当初は右翼や暴力団の攻撃から平相銀を守る防波堤の役目を果たしていたし、合併反対派の伊坂ら経営陣側の後ろ楯《だて》的存在であった。

ところが、合併の仲介役を務めた佐藤が元首相の岸信介ら政財界の支援を受け、石井を説得して自陣に引き入れたことで、八六年十月の住銀による吸収合併が事実上決まった、と言っていいだろう。

「平相銀を円滑に合併できた住銀がお世話になった石井進に支払った〝謝礼〟が茨城県の岩間《いわま》カントリークラブの譲渡だったんだ。平相銀系列の太平洋クラブを管理下に置いた住銀から四十八億円でゴルフ場運営会社・岩間開発を売却された東京佐川急便は、さらに周辺一帯の土地買収を進めてゴルフ場を完成させた。その後、岩間開発は大規模な増資を行ったが、その六割を引き受けた不動産会社のオーナーが石井だったため、筆頭株主になったというわけだ。まあ、最初からの出来レースだけどね」

そう明かすのは、東京佐川急便事件の捜査に携わった元検察関係者である。

岩間開発社長には佐藤が就任。佐藤は前述したように、平相銀の株式を創業者一族から買い取り合併を成功させた黒幕だが、その多額の資金は、第2章で詳述するもう一人の大物経済ヤクザ宅見勝が絡んだ住銀・イトマン事件の主人公だったイトマン社長、河村良彦《かわむらよしひこ》から多額の融資を受け、つぎ込んだものであった。

そうした弱みも手伝って、佐藤は「合併の陰《かげ》の立役者」とも言える石井のその後の〝やりたい放題〟とも言える所業を止めるどころか、ブレーキを掛けることさえできなかった。

東急電鉄株取引の謎

一九八九年四月、石井はまず岩間カントリークラブの「会員資格保証金預かり証」なる代物を大量に発行するという強引な手法を用いて、三百八十四億円余に上る資金を集めた。

岩間カントリークラブは会員制ゴルフ場ではない。そのため、この「預かり証」は会員権とは異なり当事者以外には一円の価値もなく、もし発行元の石井の身に何かがあれば、〝ただの紙切れ〟になってしまう危険性がある代物だ。

しかし、当時は地価高騰や株価急上昇に伴うマネーゲームの全盛期であり、石井の盟友である渡辺広康が率いる東京佐川急便をはじめ、ゼネコンの間組《はざま》（現・安藤ハザマ）や青木建設（現・青木あすなろ建設）、大手証券会社の野村證券、日興證券（現・SMBC日興証券）といったゴルフ場造成の関連会社（と言うより、稲川会が外敵からガードしている企業群）、仕手集団の光進《こうしん》や誠備《せいび》グループなどが競い合うように購入していた。

捜査資料を基に、その「預かり証」購入者名を挙げると、最も多額が東京佐川急便の八十億円、次が光進グループ「ケー・エス・ジー」の七十億円、次いで青木建設の五十億円、佐藤茂の三十億円、間組の二十四億円……などで、野村證券、日興證券の各関連会社も二十億円ずつ購入していることが分かった。

その中の光進グループ代表で、前身のコーリン産業時代に蛇の目ミシン株をめぐり小佐野賢治との激しい仕手戦を制した小谷光浩《こたにみつひろ》のアドバイスを受けた石井は直ちに、「預かり証」発行でかき集めたカネをつぎ込み、さらには野村・日興両証券会社の系列ノンバンクから計三百六十二億円の融資を受けて、東京急行電鉄株式の買い占めに走ったのだ。

衆院証券・金融問題特別委員会に提出された大蔵省（現・財務省）の調査資料などによれば、石井は八九年四月から八月にかけて総額約四百三十億円を投じ、野村・日興両証券会社を通じて東急電鉄の二千五百三十九万七千株を買い付けている。

この時の購入価格で一株当たり千七百～二千円（額面五十円）だった東急電鉄の株価は、八九年十一月半ばには一株当たり三千六十円という過去五十年間の証券取引でも最高値を記録するなど一気に急騰した。少し前の十月末には一日七千五百万株の出来高（売買高）を記録し、東急電鉄の発行済み株式約十一億株（買い占め当時）の六・八パーセント強がたった一日で売買されるという、まさに大相場を演じたことになる。

この株価急騰を仕掛けたのは、証券業界の雄・野村證券であることは間違いない。八九年十月には、野村證券の役員が東京、大阪で開催した大口投資家向けの講演会で、「東急株は今後もどんどん上がる。年末には五千円を超えるだろう」と自信満々に訴えているし、毎週発行の社内限定資料ながら、実際には一般投資家向けリポートとして知られる『ポートフォリオ・ウィークリー』でも度々、東急株を推奨していたからだ。

また、大蔵省の調査によると、八九年十月十九日から三日間に野村證券全三百二十支店のうち東急電鉄株の売買シェアが三〇パーセントを超えた支店が半数以上の百六十四に上り、中でも百支店は五〇パーセントを超えていたことが分かった。しかも、本店営業部では東急株の売買シェアが何と、全取引の九〇パーセント以上に達したというのだから、まさに異常事態というしかない。

こうした状況が、野村證券に対する東急電鉄株の株価操作疑惑へと繋《つな》がっていくことになる。

九一年八月の衆院証券・金融問題特別委員会で、証人喚問された前野村證券会長で〝野村のドン〟と言われる田淵節也《たぶちせつや》は、こう答弁している。

「八六年秋、秘書室担当役員が総会屋の要請で石井会長と会い、取引することになった。会長の代理人から紹介された岩間開発役員と預かり証購入の話を進めたと思う」

だが、肝心の株価操作疑惑については「営業店や営業マンの勧誘に行き過ぎがあった」としながらも、「株価操作は絶対にないと確信している」と否定したのである。

それにしても、石井は東急電鉄株をなぜ、高値で売り抜けなかったのだろうか。

東急電鉄株は購入時に比べて千円以上も株価が上昇し、三千六十円の史上最高値を記録した段階で売り抜けていれば、三百億円余の売却益を得ていたはずだ。世の中の表裏に精通した経済ヤクザが、しかも、大手証券会社や有能な仕手戦グループの指南役が付いていたのに、何もせずにあっさりと売り時を逸するとは思えない。

石井の身にいったい、何があったのか——については未《いま》だに謎に包まれたままだ。バブル崩壊直後、石井は脳腫瘍《しゅよう》のため緊急入院して手術を受けており、九〇年十月には、病気を理由に稲川会会長を辞任している。その病気療養のため、売り時を逸したのではないかという説が一時は最有力だった。が、一株も売らないのはあまりにも不自然だろう。

この病気説のバリエーションとして、病気で気弱になった石井が信奉していた占い師から「株価は五千円まで上がる」とのご宣託を下され、株を手放すことができなかったという説もある。病気見舞いに訪れた山口組若頭の宅見が本人から聞かされた話だというが、東の首領・石井の衰退ぶりを流布する〝ためにする話〟のように思えてならない。

石井が盟友と信じていた人物が裏切ったのではないか、という意見も根強い。この仕手戦には、指南役の小谷や誠備グループの加藤暠《あきら》、地産グループの竹井博友《ひろとも》らが主だった仕手集団のほか、八二年二月に起きたホテルニュージャパン火災の業務上過失致死傷容疑で逮捕された〝乗っ取り屋〟の横井英樹《ひでき》も参戦しており、それぞれ高値で売り抜けていることから、そこに何らかの背信行為があったのではないか、との見方が出ていた。

だが、参戦者が互いに騙《だま》し合うのが仕手戦であり、それを恨むのは筋違い。それに稲川会会長を標的とすれば、その人間は必ず〝報復措置〟を受けているはずである。むしろ石井と東急の間に何か密約があった、とする説の方が信憑性《しんぴょうせい》が高いような気がする。

野村證券会長ら証券・金融界の重鎮たちが石井の買った株式の引き取りを仲介しようと動いたが、東急側が断固拒否したこと。また、石井の東急電鉄株買い占めが東急グループ総帥・五島昇《ごとうのぼる》が病死した直後から始まっていることは、ある一つの考えに辿《たど》り着く。

「闇社会のトップの座に就いた石井は竹下登、金丸信ら大物政治家の要請を受けて皇民党の〝ほめ殺し〟を封じ、住銀の平相銀合併を達成したことで、政財界に地歩を築いたと自信を持ってしまった。後は東急電鉄の大株主という表社会のポストを得て、政財界を牛耳る大物フィクサーになりたかったのではないか。かつて世話になった小佐野賢治の後継者として君臨することを夢見て、東急側と何らかの約束を交わしたと考えるのが合理的だ」

長年、石井の動向を見続けてきた元警視庁幹部は、そう明かす。

九一年九月、石井は入院先の都内の病院で亡くなった。国会や捜査当局の手で東急電鉄株の株価操作疑惑や、東京佐川急便による石井への債務保証問題が追及されている最中《さなか》の死であり、真相は闇の中に封印されてしまった。

パンドラの箱は開かれた

石井が平相銀の吸収合併で暗躍するなど活発に動いていた一九八〇年代後半、日本列島はバブル景気に沸きに沸いた。

田中角栄政権が列島改造論を打ち出して以降、各地で競争のように始まった開発ブームは地価を高騰させ、「土地さえ持っていれば、ビジネスで優位に立てるし有効な資産運用にも活用できる」という土地神話を生み出した。都心まで三時間はかかる山奥にまで大規模ニュータウンが造成され、マンションやゴルフ会員権の価格は軒並み急上昇した。

サラリーマンたちは「少々無理してでも買っておけば、必ず値上がりする」と投資目的で家族は誰も住まない都心のワンルームマンションを購入し、プレーするどころか見たことも聞いたこともない遠隔地のゴルフ場会員権を買い漁《あさ》った。

一方、企業も「都心でオフィスビル用地が極端に不足している」との情報に踊らされ、都内の土地買い占めに走り回り、日本を代表するビジネス街・丸の内では何と、一坪当たり一億二千万円の超高値が付くなど、まさに狂気の沙汰《さた》と化した。

しかも、バブルで大量の余剰資金を抱えた金融機関が、たとえば一億円で購入した土地を担保に十億、二十億円を融資するといった暴走を始めた。

闇社会がそれを見逃すはずもなく、潤沢な資金を得ては次々と土地や株式を買い、それを担保にしてまた多額の融資を受けるという繰り返しで、バブルマネー（泡銭《あぶくぜに》）はどんどん膨らんでいったのだ。

境界線が複雑に入り組んだ狭い土地を一つにまとめて売れば、合計金額の何倍もの価値を生むことに気付いた企業と闇社会は、あちこちで大規模な地上げを始め、街中で白昼、コワモテのお兄さん方が闊歩《かっぽ》する姿が目につくようになった。

あふれ返ったジャパンマネーは世界を席巻《せっけん》し、米ニューヨーク・マンハッタンの超高層ビルやハワイ、西海岸のリゾート地は日本の企業などに買い占められた。ハリウッド映画のシンボル・コロンビア映画をソニーが買収し、米国民から「日本は米国の魂まで買った」と猛反発を招いたり、安田火災海上保険（現・損保ジャパン日本興亜）がゴッホの名画「ひまわり」を史上最高値の五十八億円で落札し、「イエローモンキーに芸術が分かるのか」と揶揄《やゆ》されたのもこの頃だ。

我々が今、銀座や祇園《ぎおん》を闊歩し、ブランド品や大型家電を買い漁り、北海道や沖縄のリゾート地を買い占める隣国民の姿を見て感じるのと同じ〝思い〟を、当時、世界中の人々から持たれていたのである。

このバブル景気は、どうして生まれたのか。

これまでは、一九八五年九月の「プラザ合意」に原点を求める考え方が定説となっていた。ニューヨークのプラザホテルで開かれたG5（先進五か国蔵相・中央銀行総裁会議）でドル高是正のため、各国がドル売りの協調介入に乗り出すことを合意。日銀はドル売り・円買いに走り、一ドル二百四十円台だったドル相場が一年半後には百四十円台前半になるなど円高・ドル安が進んだ。

そのため八七年二月、パリのルーブル宮殿で開かれたG7で、ドル安定を図る「ルーブル合意」が成立した。そして、日銀の方針がドル買い・円売りに転じたため、外貨準備高が急増し、大量の資金が国内市場に流入したことで、カネ余り現象が生じたというのだ。

現在では、日銀が「プラザ合意」を利用して規制緩和を進め、輸出主導から内需拡大による経済成長に転換を図るため、意図的にバブル景気を創出したという説が一般的だ。

いずれにせよ、日銀が紙幣をガンガン刷って市場にカネがあふれれば、世の中が狂奔するのも無理ないが、金融政策を司《つかさど》るエリートたちは、それが闇社会の住人たちを表社会に飛び出させる「パンドラの箱」を開けてしまうことに気づいていなかった。

暴力団幹部や企業舎弟が不動産・証券取引に使うカネをどんどん引き出すのに利用したATMが、ノンバンク（銀行法・証券取引法・保険関連法の枠外の貸金業）である。

彼らは、それこそ親の財布からカネを持ち出すかのように、ノンバンクから気軽に多額の資金を引き出した。そして、企業の求めに応じて地上げにつぎ込み、都心のビルやゴルフ場、リゾート用地を買いまくったのだ。

暴力団員が地上げを拒否する店舗にダンプカーを突入させたり、立ち退きを拒否する住人がいるマンションでドーベルマンを放し飼いするシーンを映画などでよく見かけたと思うが、彼らの資金源がノンバンクであった。

何しろ、バブル期は日銀から「積極的に融資を」と指導を受けた各金融機関が、増大した融資枠のノルマを消化するのに必死だった。それまで「預金して下さい」が口癖だった銀行員が「融資させて下さい」と各家庭を回る有り様で、我が貧しき長屋にまで以前はハナも引っ掛けなかった「雲上人」の銀行支店長様がお供を連れて現れ、深々と頭を下げた時には思わず、「返さなくていいなら、いくらでも借りてやる」と叫んだものである。

そうした状況下で起きた典型的な事件が、大阪の料亭「恵川《えがわ》」女将《おかみ》・尾上縫《おのうえぬい》に対する日本興業銀行（現・みずほ銀行）の巨額融資だ。旧東洋信用金庫を舞台にした架空預金証書事件で逮捕された尾上に対し、一九九〇年十月のピーク時で興銀が九百億円、系列ノンバンクを合わせると二千四百億円も貸し付けていたのだから呆《あき》れ果てる。

尾上は割引金融債（ワリコー）を担保に興銀から多額の融資を受け、それを担保にまたワリコーを買うという前出の地上げ屋と同じやり方でカネを引き出し、最大二千百七十九億円のワリコーを購入。金融業界には「天下の興銀が一介の女将を利用して売り上げ不振のワリコーを売りさばいた」との見方さえ出ていたほどだ。「産業金融界の雄」と言われた興銀頭取・黒澤洋《くろさわよう》がその料亭に日参していたというから、まんざら嘘とは言えまい。

もっとも、この女将は闇の紳士たちと交流が深く、一部には「暴力団の金庫番だった」との情報が流れていた。実際、前出の東急電鉄株の買い占めで彼女の名前が出ていたし、後述する住銀・イトマン事件にも登場して、許永中《きょえいちゅう》らの資金源とされた大阪府民信用組合に二十億円の大口預金を積むなど関わりがあるとされた。

また、宅見組系フロント企業がクラボウ株を買い占めた際の資金源だったとの情報もあり、大阪府警が内偵捜査したこともあるというから、案外、利用されたのは興銀の方だったのかも知れない。

バブル崩壊で残されたもの

一九九六年六月の衆院本会議。連立政権を構築していた自民、社会、さきがけ三党の賛成多数で、六千八百五十億円の血税を投入する「住専処理法」が成立した。

住専（住宅金融専門会社）は七〇年代に、大蔵省の管轄下で個人向け住宅ローンを専門に扱う金融会社として設立が認められ、七一年に三和銀行（現・三菱《みつびし》東京UFJ銀行）を中心とした日本住宅金融をはじめ、七九年までに金融・証券会社が続けて計八社を設立した。

それまで日本では銀行の融資対象は企業であり、信用も担保もない個人はほとんど相手にされていなかった。だが、米国には貯蓄貸付組合、英国には建築組合、西独には建築貯蓄銀行といった具合に、欧米先進国には住宅ローン専門の金融機関が数多く存在していた。

そのため、大蔵省が主導して立ち上げたのが住専であり、同省が直轄して指導・監督に当たる〝国策会社〟であった。

ところが、各金融機関が次第に住宅ローン市場に参入したため、銀行などから調達した資金を貸し付ける住専はどうしても利ザヤ分だけ金利が高くなるから、太刀打ちできなくなってきた。そこで母体行の〝指示〟もあって、次第に事業資金の貸し出し業務に転換して行ったのだ。

しかも、銀行など各金融機関はそうした都市開発などの事業資金のうち、地上げなどリスクが高くて直接融資しにくい資金、つまり、ダーティーマネーの調達・運用を住専の主業務として割り当てたから、焦げ付くのは時間の問題であった。

バブル景気のピークは八九年末、東京証券取引所の大納会で日経平均株価が三万八千九百十五円の史上最高値をつけた辺りだが、その半年前頃から日銀に融資枠を削られ始めた銀行は不動産取引などへの貸し出しを引き締め、住専への貸付を引き上げ出した。

翌九〇年三月、大蔵省は不動産に対する総量規制（不動産事業に関する貸し出しの前年比増加率を総貸し出しの増加率以下に抑制する措置）などの通達を出したが、住専はその規制対象から外された。つまり、政府は不動産市場に資金を供給する金融機関という大きな河川はせき止めたものの、住専という小川の水門は開けておいたことになる。

そうすることで地価が少しずつ下落し、バブル景気に狂騒した日本経済が緩やかに着地すると考えたのだろうが、いったん火がついた人間の欲望はそう簡単には鎮まらなかった。

銀行に資金を引き上げられ存続の危機に陥った住専は、農林系金融機関に縋《すが》った。農林系金融機関は農協法で組合員以外への融資を制限されていたが、大蔵、農水両省は八〇年十月の通達で、住専を規制適用外の金融機関と認めていたからだ。

しかも、両省の合意で農林系金融機関で作る全国信連協会は住専に対する貸付限度枠を撤廃したため、住専各社は資金を求めてドッと押し寄せた。大きな河川はせき止めても、隣を流れる中規模河川をそのままにしたため、大雨が降って小川と合流し、一本の大河となってしまったわけだ。

大蔵省によると、九五年六月末段階での住専の不良債権は九兆五千六百二十六億円に上り、貸出残高の八割が不動産・建設業向け融資で、その九割が不良債権だった。

もちろん、金融機関のうち母体行は住専に対する債権三兆五千億円を全額放棄し、一般行も債権一兆七千億円を放棄することで合意した。が、農林系金融機関は下部組織の連鎖倒産に伴う農民の生活破綻《はたん》を理由に住専への貸付金五兆五千億円の全額返済要求を譲らず、農民救済のために政府が税金を投入するという、銀行などを利用する一般市民にとってはいささか不公平な結末となった。

政府が公表した住専の大口融資先を見ると、トップが大阪府の不動産会社・富士住建グループの二千九百八十八億円で、第二位が同じく大阪府の末野《すえの》興産グループの二千三百六十七億円となっている。

以下、③コリンズグループ（東京都）千二百一億円④麻布《あざぶ》建物グループ（同）千百十三億円⑤朝日住建（大阪府）千五十二億円⑥桃源社（東京都）七百二十八億円⑦メイセーグループ（大阪府）六百九十七億円⑧フジビル（東京都）六百五十四億円⑨東海興業・塩川《しおかわ》グループ（東京都）六百三十八億円⑩昭和興産グループ（大阪府）五百二十一億円――がワースト10で、東京、大阪が五社ずつ入っている（金額はいずれも九五年六月末現在の貸付残高）。

建設業の東海興業以外は不動産業で、ほぼすべてが詐欺や脱税、競売入札妨害容疑などで摘発を受けたり、破産・会社更生法などの申し入れを行っていた。

バブル崩壊後、経済界では「FOKAS（フォーカス）」とか、「AEDS（エイズ）」などという〝怪しげな外来語〟が飛び交っていた。これらは雑誌や病名などではなく、多額の借金を抱えて経営不振に陥った不動産会社名の頭文字を並べた造語で、いずれも住専の大口融資先の上位五十社以内に入っている企業ばかりだ。

「FOKAS」は関西の不動産会社ばかりで、Fは富士住建、Oはオギサカ、Kは川辺物産、Aは朝日住建、Sは末野興産を指す。オギサカは九一年三月に負債総額千五百四十三億円を抱えて倒産（和議申請）し、川辺物産も二〇〇〇年十月に負債総額千五百八十三億円で倒産している。

一方、「AEDS」は東京の不動産会社で、Aは麻布建物、Eはイ・アイ・イ・インターナショナル、Dは第一不動産、Sは秀和である。

イ・アイ・イは二〇〇〇年に負債総額四千七百六十四億円を抱え倒産しているし、第一不動産も〇七年に負債総額二千二百二十三億円を抱えて倒産した企業である。

組員から元開業医まで

どの会社も巨額の融資を受け、倒産に至るまでにはさまざまな経緯があり、闇社会との関係も少なからずある。風変わりな経営者も多く、面白いエピソードには事欠かない。

たとえば、麻布建物を率いた渡辺喜太郎《きたろう》はバブル紳士の中で最高の知名度を誇り、雑誌やテレビにも登場したし、一九九〇、九一年の米経済誌『フォーブス』の名物企画「世界の富豪番付」で連続して第六位を占め、約一兆三千八百億円、約一兆円の資産家として世界に紹介されている人物だ。

彼の名前を一躍世に知らしめたのは八六年、二億五千万ドルの巨費を投じた米ハワイの名門ホテル「ハイアット・リージェンシー・ワイキキ」の買収劇であろう。彼が尊敬して止まなかったという小佐野賢治でさえできなかった夢を実現したのだから、彼にとって、まさに絶頂期だった。

そんな渡辺の事業拡大戦略を資金面で支援したのは三井信託銀行社長の中島健であり、地上げなど闇のビジネスを支えたのは右翼団体「日本青年社」の創設者で、暴力団住吉連合会小林会会長の小林楠扶だ。二人の盟友なくして渡辺の存在はないが、九〇年に相次いで病死したことで、彼の凋落《ちょうらく》も始まった。

イ・アイ・イは東京協和・安全の両信用組合の背任事件で逮捕された理事長の高橋治則《はるのり》が経営していたリゾート開発会社だ。高橋は日本長期信用銀行（現・新生銀行）に食い込み、潤沢な資金をつぎ込んで仕手戦や企業買収を行ったり、リゾート施設を買い漁《あさ》り、「バブルの寵児《ちょうじ》」と持て囃《はや》された。一時はサイパンやタヒチ、フィジーに

「ハイアット・リージェンシー・ホテル」を持ち、米国「ビバリーウィルシャーホテル」や英国「ブリタニックハウス」、オーストラリア「サンクチュアリー・コーブ」など欧米や環太平洋を中心に数多くの豪華なリゾート施設を抱えており、わずか四年で「一兆円リゾート帝国」を築いた男として世界中に知れ渡っていた。

周囲には、〝歌う不動産王〟と呼ばれた歌手の千昌夫《せんまさお》や、自民党代議士で閣僚経験者の山口敏夫《としお》や中西啓介《けいすけ》ら多彩な顔ぶれがいた。

二〇〇五年五月、刑事被告人の身ながら、香港で派手なパーティーを開いて復活を宣言したが、証券市場に久々の「高橋銘柄」が出始めた二か月後に急死した。

末野興産社長の末野謙一は大阪市を中心に全国各地のネオン街にバーやクラブが入った「天祥《てんしょう》」ビルを所有し、「どこにでもある天祥ビル」がキャッチフレーズという「超ど派手の伝説の男」として有名だった。

何しろダイヤをちりばめた時価一億円相当と自慢する腕時計をはめ、数百万円が入り膨らんでいる財布を持って、毎夜、芸能人やスポーツ選手ら大勢の取り巻きを連れて、大阪・北新地の高級クラブを豪遊する「夜の帝王」ぶりを臆面《おくめん》もなく発揮していた。

また、イトマン常務の伊藤寿永光《いとうすえみつ》と関わりが深く、イトマンからも多額の融資を受けていたし、宅見をはじめ山口組系暴力団組長らと交流があり、見た目以上に「コワモテ」の実業家であった。

大阪府吹田《すいた》市にある自宅は鉄筋三階建ての大邸宅で、ガレージにはベントレーなど超高級外車が二十台余、庭には大理石がズラリと並び、池には一千万円近い錦鯉《にしきごい》……と絵に描いたようなバブリーな生活を送っていた。が、その内情はワースト2にランクインした住専だけではなく、金融機関やノンバンクからの借入金を合わせると、末野興産本体だけで六千百億円を超えるという「ナニワの借金王」であった。

朝日住建グループ社長の松本喜造は、兄で金融業の松本商事を経営する兄の喜八とともに、若い頃は山口組系白神組のれっきとした組員だった。しかも、兄は元首相・竹下登の「ほめ殺し」で知られる日本皇民党総裁・稲本虎翁と義兄弟の関係にあったという。

こうした経歴が祟《たた》って、九一年にはハワイで暴力団進出の尖兵《せんぺい》と見なされ、ビザを剝奪《はくだつ》されたうえ、罰金刑を食らうなど入国拒否されている。

一方では、もともと大阪の商社だった伊藤忠《いとうちゅう》に食い込み、マンションを共同開発して大成功を収める。一時は各地で二万五千戸のマンションを販売したが、バブル崩壊で業績が悪化して、二〇〇三年、三千六百億円の負債を抱えて破産宣告を受けた。

このほかにも、最盛期には都心の赤坂、六本木、新宿などの繁華街にある約八十棟のビルをはじめ、首都圏の各地に百五十を超す物件を有していた桃源社の佐佐木吉之助《ささききちのすけ》も、なかなかユニークな人物だ。資産価値は一兆円は下らないとされ、九〇年には米雑誌『フォーチュン』の世界ランキングで第十二位と報じられた。

もともとは慶應《けいおう》義塾大学医学部を卒業した開業医で、そこらのバブル紳士とは一線を画するといい、旧国鉄用地を公示価格の三倍、約六百五十六億円で落札したこともある。総額約一千億円をかけた「蒲田《かまた》プロジェクト」が挫折《ざせつ》し、最終的には競売入札妨害など八つの罪状で逮捕された佐佐木は、最後まで国家に楯突《たてつ》き、意気軒昂《けんこう》だったという。

これに対して、住専の大口融資先で断然トップの富士住建社長の安原治《やすはらおさむ》は貧しい家庭に生まれ育ち、県立高校定時制を中退、炭鉱労働者など職を転々とした苦労人だ。貴金属品で身を飾り、高級クラブで連日豪遊する他の借金王とは違い、地味で狭い建売住宅に住み、福祉財団を設立して学校や福祉施設に寄付を欠かさないという。

ただ、トンネル会社を設けて不正融資を受け、地上げにつぎ込む手口は悪質で、借金総額は八千億円余に上るというからその強《したた》かさは相当である。

住専の大口融資先上位五十社には、関西の不動産会社が圧倒的に多い。

東京では八〇年代前半から地価が高騰し、あまりに地価が高くなり過ぎたため、購入した土地にビルを建てても採算が取れなくなった。そこで余ったマネーが九〇年頃から次々と、関西に集中的に注ぎ込まれたのだが、不動産投資に費やせる時間はわずか二年間しか残されていなかった。

このため、関西の不動産会社は投資最中に地価が暴落し、気がついたら、倒産・夜逃げした企業や業者が死屍《しし》累々と続いていたのだ。果たして、バブルが創り出した伏魔殿に一筋の光明が差し込むことがあるのだろうか。

ここで日本経済と、表裏一体の闇社会は大きな転換期を迎える。詳細は次章以降に記すが、それはある意味で、第二の「焼け跡・闇市」時代の到来となったのかも知れない。

金融・証券業界〝呪縛〟の正体

《証券業界最大手の野村證券が損失を出した法人投資家に巨額の損失補塡《ほてん》》（九月四日付北海道新聞）や《総会屋親族企業に利益供与か》（十二月三十一日付朝日新聞）という見出しが新聞紙上に躍ったのは、一九九六年のことであった。

野村證券は「あり得ない話です」と全否定を続けたが、その後、毎日新聞や読売新聞も同様の記事を掲載した。

どの紙面でも、損失補塡を受けるなど利益供与された人物は《大物総会屋》としか書かれていなかったが、その総会屋こそが後に逮捕された小池隆一《こいけりゅういち》であった。

時間を少し戻して、ここでは企業と総会屋の話をしてみたい。

小池は大物総会屋・小川薫《おがわかおる》の配下として総会屋活動を始めた。野村證券には六〇年代から出入りし、最初は会社側だったが、途中から追及する側に転じ、暗躍した。

小池は八一年頃からフィクサー的立場を取る総会屋の木島力也《きじまりきや》と行動をともにし、その指南を受ける師弟関係は木島が死ぬ九三年まで続いた。小池は八九年二月には、木島の斡旋《あっせん》で株取引資金として第一勧業銀行《だいいちかんぎょう》（現・みずほ銀行）から多額の融資を受けている。

「四大証券の株を大量に取得することや、その資金を第一勧銀から引き出すことも、すべて木島の発案だった」

後に小池は取り調べに対し、そう述べている。

実際、木島は第一勧銀の歴代トップと親交があったし、野村證券の総務担当役員たちも長年、木島と懇意にしていたという。

九一年の証券不祥事の際、国会で追及を受けた当時の元会長で、「大田淵」こと田淵節也は「出入りしていた総会屋の紹介で、野村と暴力団稲川会の石井進元会長との取引が始まった」と証言し、上層部と闇社会との親交ぶりを認めている。

この時の不祥事で「小田淵」こと田淵義久《よしひさ》は社長を退任している。

「小池を怒らせると、何をしてくるか分からない」という恐怖心が小池を甘やかし、予想以上の力を持たせたが、その背後には木島の存在があったことは否めない。ただ木島が死亡した後も小池の力は維持され、口座取引で継続的に利益提供を受けていたし、一億円の評価損が出た時も「どんなことをしても利益を出せ」とすごまれ、すかさず損失補塡が行われていた。

第一勧銀も与党総会屋に就いた小池に対して八五年から融資をスタートさせたが、貸出残高が九十億円に達し、うち六十億円が担保割れしているうえ、返済が滞っていたことから追加融資を断ったところ、ねじ込まれたという。

結局、小池と第一勧銀の関係は九七年六月、相談役（元会長）の宮崎邦次《みやざきくにじ》が自宅で首吊《くびつ》り自殺を図って死亡するまで続き、そのことを知った小池は「元会長の命を奪ったことで、つくづくこの稼業が嫌になった。総会屋・小池隆一は、宮崎元会長とともに死にました」と言って、総会屋廃業を宣言した。

結局、小池への利益供与総額は百二十七億九千二百五十二万円と巨額に上り、一審で懲役九か月、追徴金六億九千三百六十万円の実刑判決を受け、控訴せず確定した。また、企業側の幹部たちも、野村證券元社長に懲役一年、執行猶予三年、山一證券元会長に懲役二年六か月、執行猶予五年、第一勧銀元会長に懲役九か月、執行猶予五年……などと軒並み、執行猶予付有罪判決が言い渡された。

小池は予想外の実刑判決にがっくりとしたようだったし、企業幹部たちも執行猶予が付いたとはいえ有罪判決にショックを受けていたが、世間を騒がせ、自殺者まで出した事件にしては軽過ぎる印象は拭《ぬぐ》えない。これではこの種の犯罪は決してなくならないであろう。

総会屋という呼称は法律用語や経済用語ではなく、単なる業界用語だ。警察当局から見れば、総会屋は《株主総会に関連して活動し企業から不正な利益を得ている者》ということになり、企業側は「特殊株主」と呼んでいる。

「総会屋の始祖」と呼ばれたのが、財界の大物から「三菱財閥関連会社の株主総会を面倒見てくれ」と要請された博徒一家の親分・武部《たけべ》申策《しんさく》。総会屋が飛躍的に発展したのは、経済白書が「もはや戦後ではない」と断じた五六年の高度成長期からで、それまで百人以下だった総会屋が倍増を続け、七〇年代には四倍増を記録、七七年に六千八百人にまで膨れ上がるなど、総会屋全盛時代を迎えた。

初期の業界を仕切ったのが武部の弟子・田島将光と、城山三郎《しろやまさぶろう》作品『総会屋錦城』のモデルとされた久保祐三郎《くぼゆうざぶろう》で、二人が激突したのが五四年の東急グループ・五島慶太《けいた》と乗っ取り屋・横井英樹による白木屋百貨店乗っ取り事件である。五島・横井側に田島、白木屋側に久保が付き、暴力団も参戦したが、田島側が株主総会を制した。

二人を柱とする業界勢力図を塗り替えたのが、小池の師匠で広島グループを率いて暴れ回った小川薫である。その小川と再三にわたり激突した嶋崎栄治、久保亡き後の実力者とされた上森子鉄《かみもりしてつ》、二〇〇四年に西武鉄道役員が逮捕され総帥・堤義明が辞任に追い込まれた利益供与事件で名を馳《は》せた芳賀龍臥《はがりゅうが》ら大物総会屋が続々と現れた。

このほか、「昭和の怪物」小佐野賢治を相手に蛇の目ミシン株をめぐって壮絶な仕手戦を繰り広げた「コーリン産業」（後の光進）の小谷光浩、麻布グループの渡辺喜太郎ら〝乗っ取り屋〟と呼ばれる面々、大物の「青い目の乗っ取り屋」として鮮烈なデビューを飾ったブーン・ピケンズらもいる。

彼らのような〝海千山千の連中〟こそが、金融・証券業界〝呪縛〟の元凶であったのである。

第2章　表に躍り出た闇社会

「数こそ力」西の宅見

まず、〝西の横綱〟と呼ばれた山口組五代目若頭の宅見勝について語ろう。

宅見は「最盛期には数千人の企業舎弟を配下に従え、四千億円余とも言われる資金力を誇った山口組、いや闇社会全体の〝金庫番〟であった。宅見はバブルの波に乗って株取引と地上げで莫大《ばくだい》な富を築き上げた、まさに時代の寵児《ちょうじ》と言っていい」(大阪府警幹部)と評価されている。

山口組を終戦直後の解散寸前という危機的状況から、我が国最大のシンジケートに発展させた〝中興の祖〟が三代目組長の田岡一雄であることは、暴力団、捜査関係者はもとより、広く一般に知られるところであろう。

彼はビジネスを最優先に捉《とら》える合理的な考えと、それを裏から支える暴力装置の重要性を理解し有効に活用した豪腕ぶりを併せ持つ、ヤクザの世界では希有《けう》の〝親分の中の親分〟だった。

山口組のカリスマ・田岡の「力」の後継者が四代目組長に就任した竹中正久なら、田岡の「頭」と「合理性」を受け継ぎ、彼が切り開いたビジネス重視の路線を拡大しゴール地点まで伸長させたのが宅見なのだ。

田岡の死後、四代目山口組組長の座をめぐる対立から、一九八四年頃に山口組が分裂。山口組と、離脱した一和会《いちわ》の間で四年九か月にわたって繰り広げられた山一抗争の影響で、さしもの山口組であっても巨大組織はガタガタになり、潤沢だった資金も欠乏し始めた。

そうした事態を山口組解体の好機と見た警察当局が度々、取り締まりを強化したこともあって、組織の建て直しが急務とされながらも混乱を極めていた。

山口組傘下の各団体構成員や彼らに連なる闇の紳士たちの期待を一身に集め、組織の建て直しという重大な役目を背負ったのは五代目組長の渡辺芳則と若頭の宅見勝による新執行部だ。

渡辺は一九四一年、栃木県壬生《みぶ》町で生まれた。東京・浅草《あさくさ》でテキヤ見習いをしている時に山健組幹部と知り合い、神戸に移って組員になった。そして、自ら結成した健竜会を率いて大日本平和会系との抗争事件などで活躍したことから、出所後の六九年には弱冠二十八歳で山健組若頭に抜擢《ばってき》された。

田岡の下で三代目若頭として多忙を極めていた山健組組長の山本健一に代わり、山健組の勢力拡大に奔走し、田岡、山本の病死後は親山健派の竹中四代目体制下で山口組の若頭補佐、山一抗争時は若頭……と異例のスピード出世を遂げ、年号が平成に変わった八九年に四十八歳の若さで五代目組長を襲名したのだ。

五代目体制発足後も、山口組内で山健組に次ぐ有力組織だった竹中組が自分たちの親分暗殺に端を発した山一抗争の継続を訴えて脱退したり、九〇年二月には若頭の母体である宅見組系組員二人が、東京・八王子《はちおうじ》市で地元暴力団員に刺殺される「八王子抗争」が勃発《ぼっぱつ》した。

さらに六月には福岡市内で、後に六代目組長を襲名する司忍の母体・弘道会系組員が波谷系組員に射殺され、「山波抗争」に発展するなど文字通り、武闘派組長らしく超過激で苦難続きのスタートとなった。

だが、渡辺は「数こそ力なり」をモットーに掲げ、これらのトラブルを逆に山口組の東京、東北進出に繋《つな》げるなど各地の組織を次々と吸収し、田岡が目指した全国制覇に向けて果敢に動き出した。

その若い五代目を側面から組織的、資金的、精神的に支えたのが宅見であった。

宅見はバブル経済真っ盛りの日本列島にあって、不動産や土建、証券・金融、流通などのフロント企業（暴力団系列の企業舎弟が事実上の経営権を握る企業）を幾つも操って、「スポーツ・芸能・レジャー施設から飲食店、大型ショッピングセンターまで関西で山口組が関与しない商売はない」（兵庫県警幹部）と言われるほど多角経営に乗り出し、こちらも田岡を踏襲し、山菱《やまびし》（山口組の代紋）マークの一大コングロマリット建設を進めていたのだ。

こうした二人の姿勢や活動実態から、渡辺を武闘派ヤクザ、宅見を経済ヤクザと見る向きが多いが、宅見イズムの根源は「数の強み」であり、実は、渡辺の考え方とよく似ている。

宅見は弁護士や公認会計士、税理士などの専門家（士の文字が付くことから武士、即ち侍軍団と呼ばれていた）、不動産取引や証券・金融、為替《かわせ》などの実務に精通したプロたちを数多く採用し、各自には横の繋がりを断たせ、宅見とだけ連絡を取り合うようなシステムを確立。すべての情報を宅見に集中させ、絶えずトップダウンで指示を出すことで、宅見一人に忠誠を誓う「凄腕《すごうで》軍団」が出来上がったのだ。

こうしたやり方の基本姿勢は、渡辺も同じである。彼は出身母体の山健組を中心に各地の勢力拡大を図り、取り込んだ地方組織の多くを山口組ではなく、山健組の系列化に収めることで着々と地歩を固めていった。そのため、山口組内では一時、山健組系列でなければ出世も大儲《おおもう》けもできないという諦《あきら》めムードが漂い、「これじゃ山健組系山口組だ」との陰口が囁《ささや》かれていたからだ。

現に五代目体制発足直後の執行部人事で、新たに直系組長に取り立てた二十八人の半数近い十一人が山健組出身であり、若頭補佐にも山健組組長の桑田兼吉と山健組系中野会会長の中野太郎の二人を登用したことに、渡辺の狙いが明確に表れていると言っていいだろう。

この二人の覇権主義がやがて組織内の人間関係をぎくしゃくさせ、最後には宅見暗殺、渡辺の電撃引退という悲劇を生み出すことになる。

因《ちな》みに、序章で述べた通り、宅見を暗殺したのは中野会系組員であり、それにも拘《かか》わらず、渡辺が中野会に対して、より厳しい絶縁処分をなかなか下さなかったところに何やらきな臭さを感じた山口組幹部ら関係者が多かったのだが、それらの背景事情やその後の動きを語る前に、まずは宅見の経済ヤクザとしての活動ぶりを振り返っておこう。

瞬く間に四十億円を稼ぐ

宅見は弁護士や公認会計士をはじめ堅気の専門家たちを多数用い、「凄腕のプロ軍団」を結成するやり方で、幅広い事業に手を広げたことは既に述べた。

ほかにも、子飼いの企業舎弟やフロント企業を経営不振などの問題を抱えた企業の下請け業者や取引業者に大勢潜り込ませ、巧みに資金や資産を吸い上げたり、利権や経営権を乗っ取ったりする手法を採った。

一見すると大手企業の重役然とした風貌《ふうぼう》や立ち居振る舞い、ソフトな語り口と人を引きつける性格……といった宅見の魅力はいったい、どこから来たのだろうか。

宅見は一九三六年六月、神戸市内で洋服仕立て兼リフォーム業を営む両親の三男として生まれた。国民学校に入学した年に父親が病気で急死、母方の実家である香川県の農村に移住したが、生活は貧しく、学校でいじめられ、泣きながら下校することが多かったという。

中学二年の時に母親が病死したため、親戚《しんせき》の家を転々とし、鉄くずを拾い歩くなどまるで戦災孤児のような生活を続けた挙げ句、せっかく入った高校も仕事のため通えずに中退。大阪市のパチンコ店や飲食店でアルバイトしたり、和歌山市の遊廓《ゆうかく》で清掃作業員兼雑用係を務め、娼婦《しょうふ》たちの相談相手になったり、常連客への営業用ラブレターや保健所への提出書類の代筆を引き受けるなど、「社会の底辺で生きる人々と交流を持ったことが、後の渡世に生かされることになった」とは後に本人が知人に漏らした言葉である。

大阪市の暴力団に入ったのは五五年だが、宅見にとって人生の転機は六三年に山口組系福井組組長に声を掛けられたことだろう。福井組長は当時の山口組では珍しく大学卒の学歴を持ち、宅見はその影響を受けて経済学などの勉強に励んだという。宅見が「日経新聞を読むヤクザ」と言われたのは、この頃のことを指している。

それからの彼はトントン拍子に出世し、三年後に宅見組を事実上結成すると、さらに三年後に福井組若頭に就任。七八年には山口組直系組長に昇格し、正式に宅見組を設立したのだ。

宅見が絡んだ経済犯罪はそれこそ山のようにあるが、彼の名前を轟《とどろ》かせたものとして、綿紡績業界大手の名門企業・クラボウの株式買い占め事件がある。

九〇年秋、クラボウの発行済み株数の五・五パーセントに当たる千五百万株が宅見組系列のフロント企業に買い占められ、日本最大の暴力団のナンバー2が突如として筆頭株主の座に躍り出たという事実にまず、世間は衝撃を受けた。

だが、人々が本当に驚いたのは、買い占めに要した二百五億五千万円のカネをいとも簡単に用意した宅見のずば抜けた資金力に対してである。その背後には当然、宅見組系フロント企業と知りながら、二百億円もの資金を融資した金融機関とかスポンサー（金主）が存在したはずだ。

そうした組織または人物と太いパイプを持っていること自体も驚異だが、巨額な資金を必ず回収できるという自信とテクニック、そして、それを裏付ける詳細かつ正確な情報収集力がなければ、到底できる話ではないだろう。

クラボウ側はその後、「買い集められた金額より安い価格で全株を買い戻した」と発表したが、そんな言い訳を信じる者は誰もいなかった。

「フロント企業が株の買い戻しを了承した謝礼として、クラボウ側は少なくとも買い占め価格の二〇パーセント、約四十億円は支払ったに違いない、というのが専らの話だ」（地元の証券会社幹部）

こうして四十億円ものカネを瞬く間にまんまと奪った手際の良さと押しの強さに、世の人々は「経済ヤクザ・宅見勝、恐るべし」と震え上がったのである。

近代ヤクザの時代

全国の暴力団構成員の四六・五パーセントに当たる一万五千二百人（準構成員を含めると三万一千人。二〇一一年末現在）が属する国内最大の暴力団・山口組は、元は神戸市の港湾労働者を束ねる組織が出発点であった。

江戸時代からヤクザと言えば、博徒（バクチ打ち）かテキヤ（香具師《やし》）と相場は決まっており、現代もヤクザのシノギ（資金獲得手段）は、一晩で数千万円から数億円のカネが動くとされる賭博場《とばくじょう》を営み、祭礼やイベントに出店する露天商を仕切って地割り（出店場所を決める仕事）を行い、賭金《かけきん》やショバ代、手数料などの名目でカネを吸い上げる。飲食店やパチンコ店などのみかじめ料・用心棒代、ソープランドをはじめとする風俗店や売春宿などの上がりも大きな収入源である。

そんなヤクザが本格的に土建業を営むようになったのは明治維新後で、江戸時代の肉体労働者や鳶職《とびしょく》を仕切る顔役的人物は一応、ヤクザとは区別されていた。

山口組は一九一五年に設立。初代組長の山口春吉、二代目組長の山口登時代までは港湾や市場の荷役や労働者派遣など競争が烈《はげ》しい業種から、浪曲や相撲の興行といった安定した分野に手を広げ、近代ヤクザとして次第に勢力を拡大していった。

ところが戦争の勃発《ぼっぱつ》で、軍関係の仕事とは一定の距離を置いていた組はじり貧状態に陥ったうえ、興行のトラブルから敵対暴力団の襲撃を受けた二代目組長が四二年、四十一歳の若さで急死したこともあって、山口組は存続の危機に立たされた。

それを救ったのが四三年七月、抗争事件で懲役八年の判決を受け六年後に高知刑務所から出所した田岡一雄（後の山口組三代目組長）である。

田岡は一三年三月、徳島県三庄村（現・東みよし町）の貧しい農家に五人姉兄の二男として生まれた。両親が早々と病没し、神戸市の親戚に引き取られた田岡は尋常高等小学校を卒業後、造船所で旋盤見習工として働いたが、上司を殴って職場を飛び出し、二代目組長の弟が同級生だった縁で山口組に転がり込んだ。体格が良く喧嘩《けんか》が強かった田岡は、周囲から「クマ」と呼ばれ恐れられたが、正式に組員となったのは三六年一月だった。

敗戦で焼け野原となった神戸では、拳銃《けんじゅう》などで武装した戦勝国、中国・朝鮮の不良グループが徒党を組んで物資の強奪や市民への暴行を行い、警察の救援要請を受けた田岡は日本刀などで武装した抜刀隊を編成して戦い、市民や行政、警察の信頼と人気を獲得し、暴力団の間でも「山口組に田岡あり」と一目置かれるようになった。

宅見が崇拝する田岡は四六年六月、先代の遺言と全組員の推挙で三代目組長を襲名した。これぞ、まさしく日本最大のシンジケートが誕生した瞬間であった。

田岡が三代目襲名に当たり、山口組内で掲げたスローガンの中に、《組員各自に正業を持たせる》と《信賞必罰によって体制を確立する》という項目がある。

彼は自叙伝『山口組三代目　田岡一雄自伝』（徳間書店）で、こう綴《つづ》っている。

《極道がバクチだけで生活をたてていく考えはもう古い。バクチはどう考えても利のある生活の手段ではない。（中略）日本が新しく生まれかわったと同時に、極道も生き方を変えていくべきではないのか。それには各自が正業を持つことである》（抜粋）

実際、田岡は襲名から四か月後の四六年十月、資本金十万円で土建請負業「株式会社山口組」を設立し社長となった。また、古くから組の縄張りだった神戸港の港湾作業に関して十数社の荷役業者を集めて「港洞会《こうどう》」を結成、自ら会長の座に就いた。

さらに神戸港に停泊中の船内荷役を行う「甲陽運輸」を設立して社長に就任。横浜港の港湾荷役業者らと連携し、全国港湾荷役振興協会を立ち上げて副会長を務めた。

即ち、田岡は神戸の土建業界と港湾荷役業界を仕切る大親分になったのである。

さらに彼は先代が道を開いた浪曲興行の世界を芸能全般に拡大し、全国各地で映画や芝居、歌謡、浪曲、漫才などの興行を仕切ることを計画。山口組興行部を発展させて、芸能プロダクション「神戸芸能社」を創立した。

田岡と芸能界と言えば、爆発的な人気を誇った天才少女歌手・美空《みそら》ひばりとの交遊ぶりを避けては通れないだろう。ひばりの後見人として公私ともに面倒を見た田岡は後年、マスコミ嫌いにも拘《かか》わらず、ひばりを守るために彼女と小林旭《あきら》の離婚会見に同席して睨《にら》みを利かすなど、実の娘以上に寵愛《ちょうあい》した。

田岡の懐の深さや面倒見の良さは、ひばりだけに止《とど》まらなかった。浪曲歌謡漫談で人気を博しながら難病で倒れた川田晴久《かわだはるひさ》に、高額なギャラを払い続けて支援し見事再起させるなど、人情味あふれるエピソードには事欠かなかった。

そのため、五一年に大阪市の難波スタジアムで開いた野外歌謡ショーにはひばりや川田のほか、近江俊郎《おうみとしろう》や田端義夫《たばたよしお》、岡晴夫《はるお》、灰田勝彦《はいだかつひこ》、淡島千景《あわしまちかげ》ら当代の人気スターが勢ぞろい。一万人を超える観客を集めて大成功を収め、山口組の芸能界進出を期した旗上げ興行に華を添えた。

田岡と芸能界をめぐるエピソードとして、もう一つ忘れてはならないのが人気俳優にして歌手でもあった鶴田浩二《つるたこうじ》襲撃事件だろう。

五二年十二月、大阪の劇場での正月公演に出演が決まった鶴田のマネジャーが山口組本家で田岡に挨拶《あいさつ》し、五万円が入った封筒を差し出すと、田岡は「何の真似や。ワシは乞食《こじき》やないで」と不快感を示し、現金を突き返すという出来事があった。

その場に同席していた組若衆の梶原清晴（後の若頭）が激怒し、やはり後に若頭となる山本健一ら四人で、翌年正月の公演最終日の夜、鶴田を襲撃した。宿泊先の旅館で共演者の水の江瀧子《みずのえたきこ》、高峰三枝子《たかみねみえこ》と食事をしていた鶴田にファンを装って近づき、レンガやウィスキーのビンで殴打し、頭と手に十一針も縫う重傷を負わせたのだ。

四人に鶴田の部屋を教えた山口組興行部幹部が、大阪府警の事情聴取に対し「襲撃は親分の命令だった」と自供したため、田岡は全国に指名手配されるが、自ら警察に出頭。取り調べの結果、謀議が立証できず、処分保留で釈放されている。

この事件では後に、襲撃のきっかけを作った鶴田のマネジャーが青酸カリを飲んで〝自殺〟し、親分の名前を供述した興行部幹部も関西汽船「ひかり丸」から海に〝転落〟して謎の死を遂げている。

この事件は大々的に報道され、山口組の知名度が全国的に急上昇したうえ、「山口組の意向に逆らうと、嫌がらせを受けて興行ができなくなるだけでなく、リンチを受けるなど酷《ひど》い目に遭う」という恐怖心を芸能界に染み込ませたのだ。

そうした〝恐怖の爆弾〟は、次にテレビ局に対して炸裂《さくれつ》した。

五五年、民放連はファン投票で選んだ「十大歌手による民放祭」というイベントを企画したが、レコード会社や芸能プロダクションがファンを巻き込んで集団投票や、架空名義の大量インチキ投票を行ったため、当時、レコード売り上げ一位だった三橋《みはし》美智也《みちや》が落選するなど不可解な結果となった。こうした人気投票結果は、歌手のギャラや興行師の報酬に関係するため芸能界やスポンサー企業の一部が猛反発し、民放祭をボイコットする動きが出た。

田岡は東西の大物興行師と組み、三橋を担いで民放祭に対抗する一大イベントを企画。三橋をはじめ、美空ひばり、江利《えり》チエミ、雪村いづみの〝三人娘〟や春日《かすが》八郎、田端義夫ら錚々《そうそう》たるメンバーが瞬く間に集まり、民放祭当日に東京・両国の日大講堂で「十大歌手競演歌謡ショー」の開催を計画するなどごり押しをして見せた。

頭を抱えた民放連は田岡に歌謡ショーの中止などを申し入れたが、すべて突っぱねられた。そして、開催日直前、財界の大物が間に入って代理人同士の話し合いがもたれ、①田岡は「歌謡ショー」を中止する②民放連は「十大歌手による民放祭」を「二十大歌手による民放祭」に改め、「歌謡ショー」参加歌手を出演させる③「民放祭」は民放連と田岡側の共催とする――などの条件の下で、何とか合意にこぎ着けたのである。

この時、田岡が民放連会長との間で交わした合意書に初めて《神戸芸能社社長、田岡一雄》の名前が使われたが、同社の正式な法人登記は五七年四月で、本社は神戸市の山口組本家内に置かれ、資本金は百万円という小さな株式会社であった。

同社は前述した芸能人のほか村田英雄《ひでお》、三波春夫《みなみはるお》、フランク永井《ながい》、橋幸夫《ゆきお》ら一流歌手、高田浩吉《たかだこうきち》、里見浩太郎《こうたろう》、山城新伍《やましろしんご》ら俳優の興行などを手掛け、五〇年代から七〇年代にかけて田岡と関わらなかった芸能人はいないと言われるほど隆盛を極めた。

山口組はプロレスやプロボクシングなど格闘技を中心にスポーツ興行の分野にも進出し、やがてゴルフ場や各種遊興施設の運営などレジャー産業経営に繋《つな》がっていく。

山口組全国制覇の野望と団結

田岡時代の山口組は土建、港湾荷役、興行分野の三本柱を中心にして目を見張るほどの発展を遂げ、田岡の名を不動の地位に押し上げた。さらに一九五〇年代後半から六〇年代に入ると、遊興・レジャー産業から金融・証券、建設・不動産、流通・小売、産業廃棄物処理……など、あらゆる分野への進出を果たした。

《組員に正業を持たせる》という田岡イズムから始まったビジネス重視路線は、朝鮮戦争特需や高度経済成長にも助けられ、大きく花開いた。それゆえに、田岡の卓越した経営手腕や組織人としての見識を高く評価する政財界の重鎮が大勢いることは、紛れもない事実だ。

ただ、「田岡のビジネス重視の姿勢は、暴力団の徹底取り締まりに乗り出した警察当局へのカムフラージュに過ぎない」と考える警察関係者も少なくない。

稲川会や住吉会など首都圏を本拠地とする暴力団がＧＨＱの意向を受け、一部の保守系政治家や右翼活動家とともに反共地下工作に協力することで組織の生き残りを図ったのに対し、政権中枢から遠い距離にあった関西の組織は時の権力者と結んでもなかなかうまく行かず、ビジネスで生き残ろうと考えたと見られる。

ここで一つ指摘しておきたいのは、田岡がビジネス拡大に成功したのは、いつでも直ちに大量のコワモテ軍団を動員できる山口組という強大な「暴力装置」が背後に控えていたからだ、ということである。

田岡はこれら「暴力装置」とビジネス集団を明確に分離し、ある時は側面または後方支援に使い、ある時は相互補完態勢を敷くなど巧みに使い分けた。織田信長《おだのぶなが》が一年中戦えるよう兵農分離方式を採ったのを参考にして、ビジネスで得た潤沢な資金を使い、地方の抗争事件にも兵隊を大量動員して送り込み、全国制覇に突き進んでいったのである。

この大量動員作戦と、組長―若頭を頂点に組の最高意思決定機関である組最高幹部会、その下に一次、二次……と五次団体まで置かれたピラミッド型組織編成、そうした系列組織を含めた組員同士の〝鉄の団結〟こそが、山口組が全国各地で展開した強引とも言える縄張り拡張戦略を成功に導いた秘訣《ひけつ》と言えよう。

山口組は全国各地で数多くの抗争事件を繰り広げてきたが、三代目襲名後の田岡が逮捕されたり服役することは一度もなかった。その事実こそが田岡の高いカリスマ性を証明すると同時に、それは組員の〝鉄の団結〟の賜物であったとも言える。

田岡が組員はもとより、ほかの暴力団や捜査当局から「親分の中の親分」と称されたのは、いち早く「正業」に進出し、組織と構成員の地位を安定させたことに加え、「暴力装置」をフル回転させ全国に縄張りを広げようとした、いかにも〝ヤクザの親分らしい親分〟だったからだ。ビジネスを司《つかさど》る合理的冷静さと「暴力装置」に裏打ちされた力（パワー）と情熱を併せ持った人物——それが三代目組長の田岡なのだ。

山口組の全国制覇への道は、五〇年代後半になって本格化したと言っていい。まず山口組は五六年、神戸の暴力団との抗争事件をはじめ、パチンコ利権をめぐって集団殺傷事件を起こすなど、地元・兵庫県での縄張り争いを制した。

続いて、田岡の故郷・徳島県にある系列組織がほかの暴力団組織との縄張り争いから銃撃戦を展開すると、若頭以下百人の武装した精鋭部隊を送り込み、相手を震え上がらせた。

六〇年には、大阪市で在日朝鮮人の愚連隊「明友会」と紛争を起こし、田岡の面前で組幹部が暴行を受けたことを組長襲撃と見なし、各地から選《え》りすぐりのメンバーを集めて襲撃班を編成し、徹底的な報復を念頭に波状攻撃を仕掛け、組員暴行事件からわずか十日で千人の構成員を誇った「明友会」を壊滅させた。この事件を契機に、山口組は念願だった大阪進出を果たしたのである。

暴力団の世界は現在、六代目、神戸合わせた山口組系の一人勝ちと言っていい。

警察庁によると、国内の暴力団員数は二〇一五年末現在で約四万六千九百人（構成員二万百人、準構成員二万六千八百人）を数え、前年同期に比べて六千六百人も減少した。〇四年から十二年連続で減っており、一九九二年の暴力団対策法施行後では最少人数を六年連続で更新したことになる。

警察庁は全国で二十二団体を指定暴力団としたが、構成員の七三パーセントが主要三団体（山口組系四三・一パーセント、住吉会一五・九パーセント、稲川会一三・四パーセント）となるなど寡占化が進み、特に山口組系の突出ぶりが際立っている。

そうした現象を引き起こした原因の一つが、山口組が五〇年代半ばから行った積極的な全国進出であることは論をまたない。が、何も山口組は闇雲に暴力に訴えたわけではなく、美空ひばりをはじめとする人気スター公演の興行権という利権を利用し、地方組織を巧みに懐柔していったのだ。各地方の暴力団としても山口組の傘下に入ることには抵抗があるが、自らの足元で抗争事件を起こすより、自分たちではとても呼べない人気スター公演の共同開催で儲《もう》ける方がいいに決まっているからだ。

また、山口組に与《くみ》することをよしとしない企業や飲食店、風俗店などでも、嫌がらせを受けたり、無闇にみかじめ料を要求されることもなく（もちろん後でしっかりと要求されるのだが……）、代わりにひばり公演の無料招待券を配られたら、コロッと靡《なび》いてしまうのは、止むを得ない仕儀と言っていいだろう。

そして山口組の懐柔を受けず、あくまで抵抗する組織があれば、若頭以下組幹部に率いられた精鋭の武装集団が押し寄せ、完膚なきまでに叩《たた》き潰《つぶ》すのだから、一溜《ひとた》まりもあるまい。彼らの正体は衣の下に鎧《よろい》を隠した「武装ビジネスマン」部隊なのだ。

山口組の大幹部たちは傘下の組織を率いて関東、北陸、中・四国といった具合に各方面に出陣した。その姿は、「天下布武」を掲げて各軍団を各地に進めた織田信長に似ているといい、どの部隊も連戦連勝という恐るべき「武装ビジネスマン」の戦士たちなのだ。

その中でも恐ろしがられたのが「殺しの軍団」として知られた柳川組であろう。

前身は単なる大阪の不良グループだった柳川組は、大阪を代表する遊廓《ゆうかく》街の飛田《とびた》新《しん》地《ち》を地元暴力団と熾烈《しれつ》な闘いの末に奪って、闇社会に鮮烈なデビューを飾った。六〇年に三代目の直参に昇格した柳川は、超武闘派のイメージが強いが、実際は建設・芸能・金融会社を次々と立ち上げ、ついに大阪報知新聞社まで設立した事業家だった。

山口組には多種多彩なビジネスを手掛ける下部組織があったが、さすがに新聞社まで手を伸ばし、韓国内にソウル支局まで開設した組はほかにはなかった。

「柳川組長は、別に変わったことをしとるつもりはなかったと思う。新聞社なら進出予定地に支局と称して組事務所を構え、取材に託《かこ》つけて情報を収集しても怪しまれない。金融機関の融資は容易に受けられるし、みかじめ料を払いたがらない企業や店舗からも広告掲載料としてカネを徴収しやすいからね。山口組きっての武闘派と言われた柳川組長だが、意外と策士でなかなかの知能派であり、崇拝する三代目組長のミニ版みたいな人やった」

十数年前に引退した元山口組幹部は、そう打ち明ける。

当時の暴力団は軒並み、表社会の高度経済成長の恩恵を被って活発に動いており、本拠地以外の土地に進出しようとしていたのは山口組だけに止《とど》まらなかった。そのため、全国各地で地元組織と関東・関西から進出してきた大組織が激突し、抗争事件が頻発した。六二年に百十二件、六三年は百二十三件の抗争事件が発生、三日に一度は街に弾丸が飛び交い、さらに増加しそうなこの事態を憂慮し、何とか回避しようと動き出したのが前述した大物右翼・児玉誉士夫である。

六〇年安保闘争の高まりで米大統領・アイゼンハワーの訪日阻止を訴え、左派勢力が数万人規模のデモを敢行。自民党の要請を受けた児玉が関東を中心に右翼団体など約三万数千人に結集を呼びかけたことは既に書いた。

この時の右翼団体や任俠《にんきょう》団体を集めた「東亜同友会」構想を活用し、暴力団の抗争事件回避を働き掛けたのだが、成就するか否かの鍵《かぎ》は、暴力団の大同団結に消極的な山口組の動向に掛かっており、児玉は山口組に対し、在京組織の東声会との縁組というアメをチラつかせたのだ。

東声会は戦後、都内の朝鮮半島出身者を中心に愚連隊として発足した新興勢力で、千四百人のメンバーがいたが、北朝鮮を支持する在日朝鮮人社会の中で、会長の町井久之が反共勢力として過激な主張を展開したため、伝統と協調を重視する関東の博徒組織を中心とした暴力団社会では浮き上がった存在となっていた。

だが、町井の考え方は田岡と通じるところがあり、孤立した東声会にすれば、山口組との連携は強い後ろ楯《だて》を得ることになる。一方、山口組も足場のない東京に有力な橋頭堡《きょうとうほ》を築くことができ、双方とも〝願ってもない良縁〟を結んだことになる。

児玉の狙いは「東亜同友会」に関西勢を巻き込み、暴力団の大同団結を図ることであったが、田岡にすれば、それは山口組が東京進出するための前哨戦《ぜんしょうせん》でしかなかったのだ。

メリットゼロ〝仁義なき戦い〟

一九六〇年代に入ると山口組は稲川会（当時は錦政会）の牙城《がじょう》・横浜に進出を図った。小競り合いが続いた後、田岡は大物右翼・田中清玄《きよはる》の力を借り、立教大学総長の松下正寿《まさとし》をトップに据え、参院議員の市川房枝《ふさえ》、作家の平林《ひらばやし》たい子、関西主婦連会長らが参加した「麻薬追放国土浄化連盟」結成大会の横浜開催を強行したのだ。

マスコミが「文化人と極道の共闘」と騒ぎ、《麻薬追放に名前を借りた山口組の関東進出》と報じた新聞もあったほどだから、稲川会側も児玉の立ち会いの下で猛抗議したが、田岡は「横浜から麻薬が追放されれば、我々はすぐにでも引き上げる」と突っぱねたとされ、実際はその後も着々と勢力を拡大したという。

山口組の強引な横浜進出は、稲川会や住吉会、松葉会など関東の有力組織を結集させ、反山口組連合「関東会」結成を促した。また、田岡に力を貸した田中清玄が襲撃されたほか、横浜をはじめ富山、新潟、岐阜などで山口組と稲川会が小規模の抗争事件を起こすなど、不穏な空気が漂い始めた。

特に六三年四月から六七年八月まで四年五か月続いた広島代理戦争（第二次広島抗争）は、抗争事件の当事者だった美能組組長・美能幸三が網走《あばしり》刑務所に服役中に書いた手記『仁義なき戦い』をもとに後年、東映が深作欣二《ふかさくきんじ》監督、菅原文太《すがわらぶんた》主演で映画化して大ヒットしたので、記憶に残っている読者も多いだろう。

広島市に拠点を置く岡組組長が引退し、六二年五月、後継者に側近の打越会会長・打越信夫ではなく、呉《くれ》市の山村組組長・山村辰雄を指名したことから、双方が血みどろの抗争を繰り広げた事件だ。

山口組は舎弟盃《さかずき》を交わしていた打越を応援したが、彼は人望がなく、常に山村組側に押されて劣勢に立っていた。山村組は神戸で山口組と対立する本多会と盃を交わし、抗争を代理戦争の形にしたため、山口組も百人単位で応援部隊を派遣せざるを得なくなった。そして、神戸市の田岡邸がダイナマイトで爆破（けが人なし）されるに及び、もはや、引っ込みがつかなくなってしまった。

しかも、六四年に広島市で地元の暴力団員ら約七百人が参加して反山口組団体「共政会」が結成され、それが関西・中国地方の暴力団に広がり、反山口組団体「関西二十日会」が設立されるなど、山口組にとって何一つメリットはなかった。たとえ最強軍団の山口組でも、「利益なき抗争はすべきではない」という教訓となった。

同様な教訓は、七四年九月から八四年二月まで十年近くも延々と続いた沖縄抗争でも表れている。沖縄は七二年の本土復帰で関東・関西の暴力団が押し寄せてくるとの危機感から、それまで対立していた二大勢力が合併、構成員約八百人の沖縄連合旭琉会（旭琉会）を結成したことで落ち着きを見せるはずだった。

ところが、両派出身者間に対立の芽が残っていたうえ、国内で唯一沖縄に系列組織を持たない山口組が地元で孤立していた構成員約六十人の上原組に手を差し伸べ、勢力拡大を図ったことから、血で血を洗う凄惨《せいさん》な抗争事件に発展したのだ。

上原組は十数倍もの勢力を誇る旭琉会を相手に健闘し、旭琉会理事長ら最高幹部二人を射殺するなど大きな成果を上げた。これに対し、旭琉会側は上原組関係者を無差別に射殺したり拉致《らち》して惨殺し、被害者は死者四人、重軽傷者十二人に上った。

旭琉会側の攻撃はエスカレートし、七七年には山口組系組事務所を警戒する警官隊に「お前らから殺してやる」と銃撃戦を仕掛け警官一人に重傷を与えたほか、九〇年の旭琉会内紛の際も警官二人を射殺するなど、狂気の地獄絵図を描き出していた。

沖縄抗争で山口組は米軍関連や那覇の歓楽街の利権争奪を視野には入れていたが、真の狙いは全国制覇達成であり、敵対勢力の駆逐による沖縄支配ではない。これもまた〝不毛の戦い〟と言わざるを得まい。

カリスマの死

全国制覇をめぐる一連の抗争事件の最後を飾ったのは一九七五年から三年四か月余、大阪の松田組を相手に一次から三次にわたって行われた大阪戦争である。

大阪の賭場《とば》のいざこざから松田組組員が山口組系四次団体の組員三人を射殺。これに対し田岡の身の回りの世話係だった平組員・羽根悪美が、パトカーに囲まれ厳重に警備されていた松田組組長宅に向けて銃弾三発を撃ち込むと、松田組傘下の大日本正義団組員が山口組系暴力団員を射殺した、というのが第一次大阪戦争だ。

田岡は羽根の行動を称賛し、出所後の彼をいきなり直系組長に取り立てている。逆に抗争拡大を避けようと松田組との和解に向け動いていた山口組執行部の大幹部については、別の理由があったにせよ、後に引退と組解散に追い込んでいる。

田岡は経済ヤクザの源流とか近代ヤクザの原点と言われたが、実は、山口組を代表する武闘派であり、「やられたら、必ずやり返す男」だったことが証明された。

因《ちな》みに羽根はその後、田岡のボディガードとして年中無休で身辺警護に当たり、後述するベラミ事件の際も、同じ店内にいながらレジで勘定を済ませている隙に田岡が撃たれたことを悔やみ、以後、地下に潜って銃撃犯の追跡に走り回った。その羽根組の準構成員だった男が九五年四月、オウム真理教の最高幹部・村井秀夫を総本部前で刺殺し、羽根は引退し組も解散に追い込まれるという、まさに「抗争に明け暮れた組織」と言えた。

七六年には山口組側が大日本正義団会長を大阪で射殺し、第二次戦争が勃発《ぼっぱつ》した。その報復として起きたのが、七八年七月十一日のベラミ事件であった。

大日本正義団幹部の鳴海清が京都市の高級クラブ「ベラミ」で田岡を銃撃し、弾丸は首を掠《かす》め軽傷で済んだものの、山口組による怒濤《どとう》の報復攻撃が展開された。

鳴海は八月十三日、大阪の夕刊紙に田岡を罵倒《ばとう》する文面の挑戦状を送りつけ、気勢を上げている。ただ、彼が姿を消して約二か月後に、ガムテープでぐるぐる巻きにされ、凄惨なリンチを受けた鳴海の死体が兵庫県の六甲《ろっこう》山中で発見され、捜査の結果、彼を匿《かくま》った忠成会がその行動を持て余して殺害したと見られた。

それでも山口組の報復攻撃は止むどころか、逆にエスカレートした。鳴海の死体発見から十一月一日に山口組が一方的に抗争終結宣言を出すまでの一か月半の間に、松田組系組織の幹部ら七人を射殺し、一人に重傷を負わせたが、これはまさしく「利益なき不毛の戦い」であったと言える。そして、大阪戦争がもたらした最大の影響は、八一年七月二十三日に闇社会の首領・田岡一雄が死去したことであろう。

もともと心臓が悪く十数年にわたって入退院を繰り返しており、直接の死因は心臓発作であった。銃撃された傷がもとで死んだわけではないが、六十八歳という若さでの死を考えると、抗争事件に明け暮れるなど激動する闇社会の荒波に揉《も》まれ、警察当局との目に見えぬ戦いに苦しむなど、心労を重ねたことが身体を蝕《むしば》まれる大きな要因になったことは否めないだろう。その意味では、まさに戦死と同じである。

問題は田岡というカリスマ亡き後の山口組の動向だ。山口組の場合、田岡の存在が大き過ぎ、誰もが後継者として認めていた若頭の山本健一も服役中で不在だった。

山口組執行部は「三代目の一周忌までは喪に服す」ことを決め、山本の出所を待望したが、山本は八二年二月、田岡の後を追うように病死してしまった。

これが山口組の跡目問題に火を付け、組織内に分裂の危機が生じることになる。

最高幹部会の推薦で三代目代行となった山口組若頭補佐の最古参で山広組組長の山本広と、若頭補佐から若頭に昇格した竹中組組長の竹中正久が激しく対立したのだ。

しかも、大阪府警が山口組で最大勢力を誇る加茂田組組長をはじめ組幹部五十六人の逮捕状を取って一斉摘発の動きを見せ、兵庫県警も田岡夫人を「三代目姐《あね》」に認定し、取り締まりの対象とする方針を示すなど、山口組内に揺さぶりを掛けてきた。

結局、八四年六月五日の直系組長会の席上、田岡夫人の裁定で竹中の四代目就任が決まり、山本支持派は組を飛び出して一和会を結成。「闇社会の巨象」と呼ばれた山口組はついに分裂した。

当初は竹中派が四十二団体四千六百九十人に対し、山広派は三十四団体六千二十一人と一和会側が人数で勝っていた。さらに八五年一月、大阪府吹田市のマンションで竹中と新若頭となった中山勝正ら幹部三人が一和会のヒットマンに射殺され、一和会が一気に勝利するかに思われた。が、事態は全く逆に推移した。

中立派組織が山口組に残ったうえ、竹中暗殺を事前に知らされていなかった一和会幹部に動揺と山本への不信感が広がり、戦意を失って解散したり、山口組に復帰する組が続出。事件後の八五年二月には山口組側が一万四百人の組員を誇ったのに対し、一和会側は二千八百人と半分以下に激減していた。

抗争事件の詳細については割愛するが、八九年三月に山本広が引退して一和会が解散するまでの間に三百十七件の襲撃事件が発生した。その結果、一和会側は死者十九人、負傷者四十九人、山口組側も死者八人、負傷者十七人を出す史上最悪の抗争事件となったのだ。

これは、いくら個々の抗争事件に勝っても縄張りが増えるわけではなく、死傷者ばかりが増え、警察当局の取り締まりが強化されるという意味で、前述してきた「利益なき不毛の戦い」であったことは明らかであろう。

そうした反省が、事業者としての田岡の血を受け継いだ新若頭の宅見勝ら経済ヤクザを擡頭《たいとう》させ、まるで長期化した抗争で失った資産を急いで取り戻すかのように、貪《どん》欲《よく》な資金集めを展開する組織の姿を生み出すことになる。

「マネーの闇」はこの山一抗争を境に、さらに深くなっていったのである。

イトマン事件の深層

話を宅見に戻そう。宅見のことを語る際に必ず登場するのは一九九一年七月、大阪地検特捜部に摘発された住銀・イトマン事件である。

この事件についてごく簡単に説明すると、当時、住友銀行の「天皇」と言われた元会長・磯田《いそだ》一郎の懐深くに食い込んだ〝闇社会のエース〟伊藤寿永光と、〝地下経済の帝王〟との異名を持つ許永中という二人のワルが、同行が経営支援していた大阪の中堅商社・イトマンに狙いを定めたことに端を発する。ゴルフ場開発や絵画取引などの儲《もう》け話をデッチ上げ、住銀からイトマングループに五千五百四十九億円（九一年七月現在）を融資させ、少なくとも三千億円以上が地上げや仕手戦の資金として闇社会に流出したという戦後最大の経済犯罪である。

この事件には、実は、前段の事件がある。雅叙園《がじょえん》観光事件である。

二人が初めて手を組んだのは八九年一月、東京・目黒の老舗《しにせ》ホテル「雅叙園観光」の処理をめぐる協議の席上だった。

同ホテルは仕手戦の標的となり、八七年に山口組系岸本組内池田組の元組長で、地上げで名を馳《は》せた池田保次の率いる仕手集団・コスモポリタンが乗っ取り、何と暴力団の元組長が東証一部上場企業のトップの座に就くという、前代未聞の出来事が起きたのである。

ところが、八七年十月のブラックマンデーの株価暴落で池田が大打撃を受け、資金繰りに窮した彼は手形を乱発し、闇雲に資金調達に奔走するも刀折れ、矢尽き、ついに八八年八月に失踪《しっそう》した。現在も行方不明のままである。

この時、池田に資金を提供したメンバーの中に、伊藤が経営する協和綜合《そうごう》開発研究所と、許傘下の新日本建設があった。雅叙園観光が倒産すれば、自分たちの身も危うくなる二人は八九年一月、同じく多額の資金を投じていた大阪府民信用組合理事長の南野洋とともに同盟を結び、二百七十億円（最終的には七百八十億円）にまで膨らんだ簿外債務を処理する相手を見つけるべく協議した。その時、処理する相手、即ち金づるとして浮上したのがイトマン社長の河村良彦だった。

伊藤は温和で上品な青年実業家然とした風貌《ふうぼう》だが、実は、闇社会では豪腕の地上げ屋として知られていた。

一九四四年十二月、愛知県津島《つしま》町（現・津島市）で四男として生まれた。地元の野球名門校に進み甲子園《こうしえん》球児を目指したがケガで挫折《ざせつ》。名古屋市でガソリンスタンドを経営する父親の援助でバッティングセンターを始め、やがて結婚式場「平安閣」グループの経営に携わるようになった。

闇社会で「エース」と呼ばれるのは、闇社会から表社会に送り込まれた切り札のことを指し、当然、闇の住人特有の臭いを消し去り、真っ当な経済人として振る舞わなければならなかったが、伊藤は完璧《かんぺき》に紳士としか見えなかった。

そんな彼の名が闇社会で知られ始めたのは八五年、東京・銀座で地上げに成功してからだった。権利関係が複雑に入り組み、どの不動産業者が乗り出しても不首尾に終わっていた地上げを若輩者だった伊藤が成功させたのは、札束攻勢に加えて、山口組若頭・宅見勝の名前を仄《ほの》めかしたためだと言われている。

元は自ら経営する結婚式場で芸能人が歌謡ショーを開いたことを切っ掛けに、宅見と知り合った程度の縁だが、人をたらし込む天才・伊藤は勝手に「兄さん、兄さん」と呼んでまとわりついたという。

この他人に警戒心を抱かせない人懐こさと、「センミツ」（千に三つしか本当のことを言わないのに平然としているお調子者から来たあだ名）と呼ばれながら、相手を魅了する話術と回転の速い頭脳こそが伊藤の真骨頂であり、後に磯田や河村ら百戦錬磨のビジネスマンを手玉に取り、「ジジ殺し」と言われた片鱗《へんりん》を見せている。

一方、闇の紳士たちに食い込まれた住銀・イトマン側にも、そうならざるを得なかった事情があった。住銀・イトマン事件のルーツを辿《たど》っていくと、何と、前述の〝もう一人の経済ヤクザ〟石井進が関わった住銀の平相銀合併劇が姿を現すのだ。

住銀は当然のことながら、吸収合併で平相銀の持つ不良債権まで抱え込んだ。その金額は回収不能分だけで、公表された額の二倍、約六千億円に上ったという。

様々な方法を駆使して処理しても四千億円余りが残ったため、五年余にわたり守ってきた都銀で収益トップの座を明け渡し、営業利益では第五位まで転落し、さすがの「天皇・磯田」も失脚必至となった。

住銀・イトマン事件と平相銀吸収合併という九〇年前後の大事件。石井と宅見、佐藤と伊藤、そして許という東西を代表する闇の紳士たちには、直接的な接点があったのである。

住銀の磯田は合併に反対した頭取に収益悪化の責任を取らせて退任させると、その後はなりふり構わず、収益トップ奪回を合言葉に突き進んだ。「向こう傷を恐れない」という名セリフが彼の口から出たのは、この時だと言われている。

そして、その手段として行われたのがダーティーな裏仕事であり、〝汚れ役〟に任じられたのが河村であった。

河村は旧制商業高校を卒業して住友銀行に入行し、名古屋・栄《さかえ》支店長や東京・銀座支店長を経て取締役に昇任した〝叩《たた》き上げの苦労人〟だ。上司だった磯田に可愛がられて絶対忠誠を誓い、七五年にイトマン出向後も汚れ役に徹してきた。

だが、磯田が保身のため河村に社長更迭を迫った翌月の八九年八月、伊藤が河村の前に現れたのだ。

これは決して偶然ではない。伊藤と磯田が組んで、それぞれの会社や事業を守るために、百年余の歴史を誇るイトマンの幕引きを仕掛けたのである。

そして、これにはもう一つの〝伏線〟があった。

豪腕かつ老獪《ろうかい》なバンカーとして知られる磯田には、一つの大きな弱点があった。八〇年に一人娘を連れて離婚後、婦人服販売会社社長と再婚した長女の存在だ。一言で表せば、娘を溺愛《できあい》した親馬鹿ぶりが最大のウィークポイントだったのである。

その愛娘《まなむすめ》が美術品ビジネスをやりたいと言い出すと、磯田はセゾングループ代表の堤清二《つつみせいじ》に頼み込んで系列の高級美術品・宝飾品販売店に美術品担当として入社させたが、その愛娘の世話役を仰せつかったのが河村だった。

彼はその長女から「ロートレック・コレクションを買いつけたいので、買い手を探して欲しい」と依頼され、伊藤に相談。伊藤から連絡を受けた許は、大阪に建設予定の美術館が完成した暁には六十八億円ですべて購入するという話を持ちかけ、河村は八九年十一月、長女から同コレクションを十六億円余りで購入した。絵画を右から左に動かしただけで五十二億円の利益が出ることに狂喜した河村は、その後も同じルートで取引を続け、購入金額は百十八億円を突破したが、絵画は一点も売れず、イトマンの倉庫に埋もれたままになっている。

河村にすれば愛娘のことで磯田に恩を売り、同時にイトマンの業績を向上させれば自分の身は安泰になる、とソロバンを弾《はじ》いた。伊藤は河村の信用を得れば、自分の計画に対しイトマンを通して住銀からいくらでも融資を引き出せると踏み、自分もイトマンの甘い汁を吸いたいと考えていた許も積極的に参入した。伊藤は途中から直《じか》に磯田に食い込み、親娘《おやこ》ともどもたらし込んで、自分の思惑通りに河村に指示を出させるなど、名うての事件師の本領を発揮した……。これが住銀・イトマン事件の背後に潜む深層なのである。

「地下経済の帝王」誕生

大阪地検特捜部は一九九一年七月、伊藤と許、河村を逮捕、起訴した。三人は最後まで争ったが、最高裁は二〇〇五年十月、それぞれの上告を棄却し、伊藤は懲役十年、許は同七年六か月、河村は同七年の実刑判決が確定した。

しかし、彼らを通じて多額のカネを吸い上げた宅見はもとより、住友銀行を闇社会の餌食《えじき》にしかけた張本人の磯田は何の罪にも問われなかった。

「事件のことはすべて墓場まで持っていく」

そう重く口を閉ざした磯田だが、晩年は住銀関係者をはじめ周囲の誰からも相手にされず、一九九三年十二月、八十歳で「憤死」（親族の話）した。

この事件に関してはまだ未解明な部分が多く、驚くべき新事実が潜んでいるが、ここでは一つだけ〝隠された事実〟を披露しておこう。

前述した〝住銀の天皇〟のウィークポイントには、さらに裏がある。

磯田が愛娘を溺愛し、彼女の人生やビジネスが成功するように肩入れしたことが、住銀・イトマン事件の傷口を大きく広げてしまった事実に変わりはない。だが、実はこの娘は闇社会にもっと深く搦《から》め捕られていて、伊藤らの言う通りに行動するなど、〝操り人形〟と化していた、という話が密《ひそ》かに流れてきた。

つまり、磯田は愛娘という〝切り札〟を闇社会の手で押さえられ、その事実を暴露されないように口を塞《ふさ》ぐためにカネを融通し、それがやがてじゃぶじゃぶと注ぎ込むことになったのではないか、というのである。

全く別次元の話だが、暴力団幹部や企業舎弟が銀行の支店長らに自分の愛人や息のかかったホステスをあてがって深い関係にさせ、それをネタに融資を迫り、最後はいくらでもカネを引き出させる金づるにしていく手法は、ある意味、彼らの常套《じょうとう》手段である。

本人が「墓場まで持っていった」話なので、これ以上は書けないが、住銀・イトマン事件の闇はまだまだ深いことだけは確かである。

話を戻す。ここでは、宅見が事件に果たした役割についてだけ述べておこう。

この事件で闇社会が吸い上げた三千億円のほとんどは、宅見の懐に入ったとされている。だが、そのカネがいったい、どこにどういうルートを辿って消えていったのかは全く分かっておらず、まさしく「マネーの闇」そのものなのである。

ところで、伊藤は当初、宅見の存在を口にせず、有能な青年実業家として磯田宅に入り浸り、娘を虜《とりこ》にし、父親を籠絡《ろうらく》した。もっとも、若い頃から宅見の名をそれとなく匂わせて自分に有利になるように働きかけており、自然と周囲に認知されつつあったことは間違いない。

一方の許は、昔から平然と宅見の名前を公言し、ビジネスに大いに利用しているから、宅見の存在を排除して、この事件を語ることは難しいだろう。

イトマン常務に就任した伊藤のオフィスにはその後、宅見組の資金担当秘書が堂々と出入りするようになり、関西の経済界では「伊藤は宅見組系の企業舎弟であり、イトマンは完全に乗っ取られた」という噂が半ば公然と囁《ささや》かれ始めた。

住銀・イトマン事件は闇社会が表舞台に躍り出た記念碑的な事例であり、その時に起こった、というよりその瞬間そのものだったのである。

これまで述べてきたように、住銀・イトマン事件の主役が伊藤寿永光であることは間違いない。しかし、〝極めて重要な共演者〟が「地下経済の帝王」と呼ばれる許永中であることに異議を申し出る者はいないだろう。

身長百七十八センチ、体重百キロの巨漢で、鋭い眼光に禿《は》げ上がった頭は見るからに恐ろしく、「帝王」の呼び名に相応《ふさわ》しい風貌《ふうぼう》だ。

許は一九四七年二月、大阪市大淀区（現・北区）の貧しい家庭に生まれた。捜査資料によれば、許の本籍は韓国京城特別市中区南山洞《ナムサンドン》となっている。

小・中学校を経て、府立東淀川高校に入学。あまり勉強せず、大阪府立大学を受験するも失敗し、私立大阪工業大学に入学したものの、学校へは行かず、雀荘《ジャンそう》やパチンコ店に入り浸り、不良学生集団のボスになった。

大学時代から不良学生四十人を率いて暴れ回っていた許にとって、大きな転機は七九年に関西政財界のフィクサーと呼ばれた野村周史《ちかし》と出会い、可愛がられたことだろう。特に、生保業界の「異端児」と言われた東邦《とうほう》生命社長の太田清蔵《せいぞう》ら表社会の経済人脈を紹介され、そのツテで新しいビジネスを立ち上げようと奔走した経験が、後に許が起こした日本レース、住銀・イトマン、石橋産業事件などに大いに生かされていることが分かる。

彼の考え方や行動を知るうえで最も適しているのは、日本レース事件だろう。

刺しゅう・レース編み物の名門企業である日本レースは六〇年代から八〇年代にかけて、何度も仕手戦の舞台や乗っ取りの標的にされてきた。八四年春、日本最大の仕手集団・三洋興産グループによる株の買い占め攻勢に晒《さら》された経営陣から太田を通じて相談を受けた許は半年後、誰も思いつかないような前代未聞の奇策を打ち出した。

「日本レースは資産があり、借金がない優良会社だから狙われる。借金だらけのボロ会社にすれば、乗っ取り屋たちは手を引くはず」と手形乱発作戦を敢行したのだ。

まず、京都市山科《やましな》区の土地六万六千平方メートルを購入して三十億円の手形を振り出す。次に神戸市北区の土地三百三十万平方メートルをゴルフ場用地として買収し、二十億円の手形を発行。さらに、その直後に四十五億円の手形を切り、総額九十五億円と年商の二・三倍もの手形を振り出したことになる。

購入した土地は直ちに数千万円を上乗せして別の建設会社などに売却し、それらの会社も素早く価格を上乗せして売却する。即ち、土地転がしを行うのだが、通常のそれと違うのは許の関連会社を間に入れて、最終的な買い手と元の所有者が同一人物である点だ。

つまり、表面上はあまり金銭的な損害を与えないように見えるのだが、手形は許の系列企業に渡り、彼の資金繰りに充てることができる。こうした企業の内紛に介入し相手の資金を取り込み、自分たちの資金繰りに充当する——という手口は許の得意技なのだ。

さらに許のビジネス（騙《だま》し）の特徴は、豪華な舞台装置を設定し、取引相手の心や眼を幻惑させて信用させる点にある。

石橋産業事件で許が大阪国技館建設計画を提唱した際は、当時の日本相撲協会理事長・境川《さかいがわ》（元横綱佐田《さだ》の山《やま》）を被害者らに紹介したし、京都府サーキット場建設への融資計画では、Ｆ１レーサーの鈴木亜久里《あぐり》が登場した。

政治家などは完全に許の〝小道具〟と化しており、彼が取引相手らとともに元首相の竹下登や亀井《かめい》静香《しずか》、中尾栄一ら当時の自民党大物代議士と直接会って、名刺交換でもして親しく話そうものなら、許のホラ話を疑ってかかる面々でもコロッと騙されてしまうのは仕方ないだろう。

しかも、許は吸い上げたカネの一部を被害者にキックバックし、その〝共犯意識〟（法律的にも共謀が問われかねない微妙な問題）で身動きできなくするという〝隠しネタ〟まで用意しており、その用意周到さには舌を巻かざるを得ない。

こうした許の手口は彼を本当の人物像以上に大物に見せ、詐欺話をまんまと信用させて被害を拡大することに繫《つな》がった。その一方で、許の名前がどんどん一人歩きを始め、実際に彼が言ったり行ったりしていないことまで許の仕業とされる「副産物」を生んだ。

これは、許永中という名前が「闇の帝王」や「地下経済の帝王」として伝説化されたということを意味しており、何としても、彼が再び闇社会で復活することだけは防がなければなるまい。「伝説の魔王復活」はゲームの中だけにして欲しい、と願うばかりだが、許は韓国に移送され、二〇一三年に仮釈放されてしまった。

第3章　復興を粉砕した銃弾

情無用の企業テロ

一九九〇年代は闇社会にとって、まさに波瀾万丈《はらんばんじょう》の時代と言って良かった。

前述したように九一年九月に東の「経済ヤクザの首領」石井進が病死し、「最後のフィクサー」と呼ばれた佐藤茂も九四年八月に病死した。佐藤が没する約一年前から入院するなど影響力を失い出すと、山口組が一気に攻勢に転じて〝首領なき稲川会〟を圧倒し、各地で抗争事件と同時に企業テロが勃発《ぼっぱつ》した。

そのうち、九三年以降の主な企業テロを列挙すると、①九三年二月、愛知県の豊田合成社長宅に拳銃《けんじゅう》発砲。②六月、東京都のそごう百貨店社長宅に発砲。③八月、和歌山県の阪和銀行副頭取射殺。④九月、愛知県の東海銀行頭取宅に発砲。⑤九四年一月、東京都のミネベア専務宅に発砲。⑥二月、東京都の富士写真フイルム専務刺殺。⑦三月、愛知県の名古屋鉄道社長宅に発砲。⑧四月、兵庫県のアサヒビール・JR西日本名誉会長宅への火炎瓶投擲《とうてき》——など立て続けであった。

そして詳しくは後述するが、九四年九月には住友銀行名古屋支店長射殺事件が発生し、企業経営者や幹部たちを完全に震え上がらせてしまった。

もう一つは、日本長期信用銀行や日本債券信用銀行（現・あおぞら銀行）が破綻《はたん》し、それが関西のローカル金融機関を通じて闇社会にも激震をもたらしたことだ。

後述する阪和銀行をはじめ幸福銀行、兵庫銀行、福徳銀行、なにわ銀行といった近《きん》畿《き》地方の中堅銀行は軒並み、経営破綻に追い込まれ、それらの金融機関からの融資で何とか生き延びてきた不動産・建設業界をはじめとする関西の経済・産業界は身動き一つできなくなり、完全に「呼吸停止・脳死状態」に追いやられた。

金融当局は「バブルに踊り過ぎて経営破綻した」と説明したが、果たしてそう言えるのか。

「ここに出てくる名前は闇社会の〝貯金箱〟と言われ、じゃぶじゃぶとカネを引き出されたり、マネーロンダリング（資金洗浄）に利用された金融機関ばかりや。その経営破綻は主に暴力団に食い潰《つぶ》されたからで、決してバブルのせいやないで」（ベテラン捜査員）

そんな〝危ない銀行〟を整理するとなれば、企業体組織を蝕《むしば》む病巣を露《あらわ》にし、一つ一つ断ち切っていかなければならず、自ら血を流し膿《うみ》を出す覚悟が必要だし、闇社会の抵抗や反撃も予想される。

バブル経済崩壊で次々と金づるを失い、巨額な焦げつきを出すなど闇の紳士たちも死に物狂いだから、金融機関の不良債権処理はそう簡単なことではない。

そんな不安が的中したのが九三年八月の阪和銀行副頭取射殺事件であり、翌九四年九月の住友銀行名古屋支店長射殺事件であった。

阪和銀行副頭取射殺事件

事件は一九九三年八月五日早朝、和歌山市の閑静な住宅地の一角で起きた。

阪和銀行副頭取・小山友三郎（当時六十二歳）が和歌山市堀止西《ほりどめにし》の自宅前に横付けされた迎えの社用車に乗り込み、出勤しようとしたところ、白ヘルメットにサングラスをかけ、薄緑色の作業服姿の男がいきなり右後部ドアを開けると、左後部座席に座っていた小山に向かって「部長！」と声をかけ、顔を向けたところを約一メートルの至近距離から拳銃で三発発射した。

銃弾は一発目が右肩から入って胸部に命中し、二、三発目は右腹部から左腹部に貫通しており、小山は三十分後に収容先の病院で死亡した。

男は年齢四十歳前後、身長百六十五～百七十センチで、口髭《くちひげ》をはやし、現場から走って逃げた。実行犯と見張り役の三人組だったという目撃証言もある。

また、犯行に使われた拳銃は弾丸の線条痕《せんじょうこん》などを鑑定した結果、ブラジルの武器製造メーカー「ロッシー」社製の三八口径リボルバー（回転式拳銃）と分かった。それと同型の拳銃は、九二年に栃木県足利《あしかが》市で起きた金丸信自民党副総裁の狙撃《そげき》事件や、九二年の住友信託銀行難波支店の現金輸送車襲撃事件でも使われていたが、当時の日本ではほとんど知られていなかった。

和歌山県警は、リボルバーを立て続けに三発連射しているうえ、いくら至近距離からの銃撃とはいえ全弾がいずれも致命傷になる箇所を的確に撃ち抜いており、「高度な射撃技術を持つプロによる計画的犯行」（県警幹部）との見方を取った。

そして、拳銃は元マグロ漁船員が南アフリカの銃砲店で購入し、静岡県の清水《しみず》港に持ち込んだとして静岡県警が摘発した密輸事件で、九五年七月に押収した二百丁以外に、暴力団に売却した拳銃の中の一丁と見て調べたが、とうとう流通ルートは突き止められなかった。それと言うのも、この射殺事件で使われた拳銃そのものが未《いま》だに見つかっていないからである。

小山は三一年、和歌山県田辺《たなべ》市の醤油《しょうゆ》造りの名家に二男として生まれた。五四年に同志社大学を卒業後、地元で就職しようと阪和銀行の前身である興紀《こうき》相互銀行に入行した。

同行は頭取職を長く務めた福田家と小山家の二家が資金を出し合って始めた頼母子《たのもし》講（紀南無尽）が前身で、八九年に普通銀行に転換。事件前の九三年三月末段階で県内と大阪府南部を中心に五十三店舗を構え、預金高は五千二百八十一億円と県内第二位の地銀に成長していた。

小山は営業の第一線で二十年余活躍した後、「将来の頭取」の有力候補として人事部長から常務、専務と順調に昇進し、九二年六月から副頭取に就いた。

だが、行内の評判は今一つ芳しくなかった。

「非常に強気で、決断力のある優秀な銀行マンであることは間違いない。ただ、思い切った融資を行う反面、債権回収も容赦がなく、その剛腕ぶりを社内では『ブレーキのないゴーカート』と呼んで危ぶむ声が強かった。子飼いの支店長を次々と呼びつけ部下の前で平気で怒鳴り飛ばすなど、銀行内外に大勢の敵がいたようだ」

旧阪和銀行関係者は、そう打ち明ける。

「ヤクザに預金を食い荒らされた」（捜査関係者）と言われた阪和銀行内にあって、強引に債権回収を進めて、絶えず強行突破も辞さない構えを見せる「ブレーキのないゴーカート」の姿に、金融関係者の多くは「いつかはこんな事件に巻き込まれるのではないか」と心配していたという。

同行は当時、創業者一族同士が三十年以上にわたって、同族企業特有の熾烈《しれつ》な派閥抗争を繰り返しており、当事者の一人で二十五年間も頭取として君臨して「阪和の天皇」と称された福田秀男前会長が思わず、「阪和銀行の歴史は内紛の連続だった」と嘆息するほど深刻な状態が延々と続いていた。

現に、前会長の御曹司（長男）である役員が副頭取射殺事件直前に、反対派からの情報提供に基づき内紛劇を書いた雑誌記事によって名誉を毀損《きそん》された、と出版社を相手取って損害賠償請求訴訟を起こし、出版社側が百万円を支払うことで和解が成立したばかりだった。

その記事とは、《飛び交う阪和銀行の一兆円倒産説――バブル経済崩壊で〝ツケ〟が噴出》とか《内部告発続き阪和銀行の内憂外患》《伏魔殿・阪和銀行をめぐる疑惑と腐敗の真偽》などといったタイトルで立て続けに報じられたもの。役員側は雑誌の情報源を前会長親子の追い落としを狙う小山一派の周辺と見ており、その正体を炙《あぶ》り出すことが訴訟の狙いだったと説明する。この裁判沙汰《ざた》が射殺事件の背景に潜んでいると見る関係者は多い。

ただ、トラブルはほかにもあった。

「実は七〇年代後半に、和歌山県下のある支店長が上司だった小山氏を非難する遺書を残し、自宅浴室で手首を切って自殺しているんだ。銀行側が素早く手を回したためその時は表沙汰にはならなかったが、その支店長の遺族は小山氏を恨み、葬儀で彼の焼香を拒否したと聞いている」（阪和銀行元役員）

さらに事件当時も、バブル崩壊後は銀行の経営方針、中でも総額千九百億円余（公表額は一千億円）に達した不良債権の扱いをめぐって、早急な債権償却を訴える橋本竹治頭取派と、バブル再燃論を唱える小山派が激しく対立していたという。

事件後、和歌山市内で催された小山の葬儀では、何と大勢の行員が談笑する姿が参列者に目撃され、「いくら行内で不良債権処理をめぐって対立があったにしても、仕事絡みで生命を落とした同僚・上司の葬式で笑みがこぼれるとは異常であり、呆《あき》れてモノが言えない」（参列した別の銀行幹部）と顰蹙《ひんしゅく》を買う始末であった。それどころか、「事件後には反小山派のメンバーが連日、居酒屋で祝杯を上げていた」といった不穏当な噂まで飛び出し、両派の対立の深さを浮き彫りにさせた。

実際、小山に対する五千万円の弔慰金は、頭取派と小山家の間ですったもんだした挙げ句、一年後にやっと支払われたと言われ、金額も二千万円に減らされたという説もある。

そのため、和歌山県警は当初から、銀行内部の人間か有力な取引先関係者がヒットマンを雇って、小山を殺害した可能性が高いと見て、銀行内を中心とした反小山人脈を徹底的に洗い出す捜査を進めていた。

「事件直後、小山夫人は警察や銀行に通報せんかったし、第一報を受けた側近も『次は自分が殺《や》られる』と怯《おび》え切って、行内連絡を忘れるなど醜態を見せた挙げ句、しばらく銀行を休んどったほどや。犯人が口にした『部長』という言葉は単なる間違いやのうて、彼のニックネームやった。それで、夫人や銀行内部の人間は犯人に心当たりがあるに違いないとの疑いが浮上してきたわけや」（捜査関係者）

一方、関西の暴力団関係者の間では、事件直後の早い段階から、韓国軍隊経験者のヒットマンや香港マフィアの殺し屋などさまざまな実行犯の名前が囁《ささや》かれ、入国経路から下見・現場待機場所、国外逃亡ルートまで具体的な情報が流れていた。

「殺害犯は一発五十万円で雇われた韓国のヒットマンや。釜山《プサン》から船で日本海を渡ってきた、と聞いている」（ヤミ金融業者）

「ある暴力団組長が香港マフィアを通じ、一件二百万円で東南アジアの殺し屋を雇ったらしく、組員が大阪空港に迎えに行き、現場で標的の顔を覚えさせた翌日に仕事をさせ、その足で大阪空港から国外に逃がしたようや。万一捕まっても黒幕が分からないように、殺し屋には詳しい事情は説明せず、移動はすべて目隠しさせ、ただ引き金を引くだけという仕組みになっとったんや」（暴力団関係者）

などといった噂が当時、盛んに流れていたのは事実である。

関西新空港をめぐる疑惑

副頭取はなぜ、射殺されなければならなかったのか。

犯行動機として考えられたのは、前述したように銀行内のトラブルが高じたという内紛説のほか、バブル再燃論者として闇社会に対して情実融資の約束が果たせなかったことへの「見せしめ」説、強気の債権回収が融資先の反発を買って逆襲を受けたとする「闇討ち」説など、さまざまな説が乱れ飛んでいた。その中で最も有力だったのが、小山とも交流のあった和歌山市内の不動産・デベロッパー会社「S土地開発」社（以下S社と呼ぶ）とのトラブル説である。

S社は山口組系暴力団の直系組長の妻が役員に名を連ね、本社はその組長が率いる暴力団事務所と同じ場所にあり、地元ではフロント企業と見なされていた会社だ。

このS社に対して阪和銀行は一九九二年十一月、S社が所有する休業中のホテルや、組長の妻が所有するテナントビルを担保にして約四億円の融資を行ったほか、「S社本体や、S社と繋《つな》がりのある暴力団関係者が経営する不動産会社に貸し付けた数十億円が開発事業の失敗で不良債権化し、その回収をめぐり副頭取と揉《も》めていたらしい」（ベテラン捜査員）という。

この不明瞭《ふめいりよう》な融資の背景には、実は、後に「金融無法地帯」とまで呼ばれた和歌山特有の複雑な事情が隠されていたのである。

こうした〝キナ臭い融資話〟を理解するには、前出のS社社長の父親が経営し、S社の元請け業者に当たる和歌山市の中堅デベロッパー会社「和興開発」について述べなければなるまい。

九四年の関西新空港開港に伴い、和歌山県は空港の近隣に大規模ベッドタウンを建設しようと、総工費四千億円に上るという宅地開発事業「フォレストシティ（森の街）計画」をぶち上げたが、その主要工事部分を受注したのが「和興開発」であった。

ただ、三百十五ヘクタールの土地を切り開いて千五百戸の分譲住宅やマンション、鉄筋コンクリート七階建てのリゾートホテル、十八ホールのゴルフ場などを造る工事の規模や技術水準などから言っても、単なる地方の土建業者に過ぎない「和興開発」が請け負うには無理があり、この受注をめぐっては当初から、地元政財界や闇社会が絡み合った〝黒い噂〟が流れていた。

実際、県内トップの金融機関・紀陽《きよう》銀行が「和興開発」に対して八百億円近い過剰融資を行い、そのうち約二百億円が使途不明になっていることが、後になって発覚。紀陽銀行の山口壽一頭取の個人口座に「和興開発」から二億円の入金があったことが表面化し、山口が引責辞任に追い込まれるなど一大疑惑に発展した。

この疑惑は九三年十一月、大阪地検特捜部が「和興開発」の前田喬社長を脱税容疑で逮捕して、ついに事件となった。

最終的に開発事業は凍結され、用地買収や開発に乗り出した不動産・土建業者には借金と荒地の山だけが残された。阪和銀行は紀陽銀行を隠れ蓑《みの》に「和興開発」に融資するなど実際は深く関与しており、小山の存在が疑惑解明に繋がることを恐れたためか、あるいは何らかのトラブルが発生したために闇社会が暗殺に及んだ、というわけである。

「副頭取が闇社会の面々と幅広く交際を続け、フロント企業にどんどん融資して担保提供を橋渡ししたり、銀行の醜聞を揉み消すなど裏の仕事を一手に引き受けていたことは、業界では有名やった。S社宛の四億円融資は、闇の紳士たちに何か阪和銀行の醜聞を嗅《か》ぎつけられ、それを揉み消し抑え込むための仲介を『和興開発』社長に依頼した見返りに、『和興開発』のダミーとされるS社に過剰融資したとの情報があるし、彼がフォレスト疑惑に全く関知していないとは思えない。むしろ捜査が進む中で副頭取の存在が邪魔になったのではないか。いずれにせよ、射殺事件とフォレスト疑惑は裏で繋がっている可能性が高いと見ているんや」（捜査関係者）

阪和銀行にはこのほか、小山の出身地で、同行発祥の地でもある和歌山県田辺市の天神崎リゾート開発計画をめぐる疑惑もあった。

この天神崎はもともと県立自然公園に指定され、開発が認められていない土地であった。が、八九年に県議や地元選出の国会議員が公園指定区域解除の方向で動いているとの情報が流れると、関西新空港開港によって観光客が増大する見通しもあって、地元はもとより、関西各地の不動産業者らが大挙して押し寄せ、土地の買い占めに走る騒ぎとなった。

そのため天神崎周辺の地価は瞬く間に高騰し、資金不足に陥った業者たちは政治家らを通じて、阪和銀行など地元金融機関に追加融資を求めたとされている。

ところが、土地の買収が終わりリゾートマンション群を着工する段階になって、環境保護運動家や周辺住民らが猛烈な開発反対運動を始め、世論の後押しもあって県立自然公園の指定区域解除ができなくなり、開発工事は頓挫《とんざ》した。

そのため既に用地買収済みの業者は多額の借金を抱え、軒並み倒産寸前となった。反対運動グループが二度と天神崎に開発の手が伸びないように全国の支援者から集めた資金で土地を買い戻す「ナショナルトラスト運動」を展開したり、見かねた県と市が坪十万円で買い戻す〝救いの手〟を差し伸べたため、地元の不動産業者らは何とか救われた。が、後から買収に加わった関西の業者らは、最高買収価格が坪五百万円と言われただけに多額の借金を抱えて息も絶え絶えとなり、その差額分の損失は結局、不良債権として金融機関に残された。しかも、そうした業者の中には山口組系暴力団のフロント企業が多数含まれていたのだ。

「フロント企業から『事業誘致した責任を取れ』と迫られた小山さんは、うまく処理できず立ち往生し、暴力団の恨みを買ったんやないか」

関西のある金融業者は射殺事件の原因をそう分析するが、そうした不良債権回収をめぐるトラブル以外に、巨額の不良債権を抱えた系列ノンバンクの経営破綻《はたん》問題を射殺事件の遠因に挙げる金融関係者も少なくない。

預金高五千億円前後の阪和銀行には、阪和ギャランティ・ファイナンスと阪和リースの系列ノンバンク二社があるが、約八百四十億円に上る貸出残高の五割以上が利払いさえ六か月以上滞っている状態であり、九三年三月から借入先の四十八金融機関に対して金利減免を要請するなど、経営は事実上破綻していたのだ。

さらに大阪ファイナンス、神戸ファイナンスという孫会社に当たるノンバンク二社は深刻な経営破綻状態に陥っており、阪和銀行にとって〝炸裂《さくれつ》寸前の爆弾〟だった。

大阪ファイナンスは八七年、阪和ギャランティ・ファイナンスと富士住建などの共同出資で設立した。大阪市に拠点を置く富士住建は、住専の大口融資先ワースト１にランクされた〝最も危ない不動産業者〟で、貸付先の大半が暴力団系列の地上げ業者であり、実際に千八百億円の融資残高のほとんどが焦げついていた。

一方の神戸ファイナンスも八九年、阪和ギャランティ・ファイナンスが神戸市の不動産会社などと共同出資で設立。九二年時点で阪神間の地上げ業者に約二百七十億円を貸し付け、大半を焦げつかせていた。

つまり、この両社は山口組系暴力団はじめフロント企業が関西各地で行った地上げの有力な資金源であり、阪和銀行が闇社会の〝貯金箱〟と呼ばれる所以《ゆえん》であった。

金融当局の〝危ない融資先の整理〟方針を受けた小山が、これら不良債権を強引に回収しようとして、地上げ業者に連なる暴力団が放った刺客の凶弾に倒れた、と考えるのが最も合理的な見方であろう。

この和歌山県を舞台にした一連の事件には、実は、もう一つの裏があった。

大蔵省（現・財務省及び金融庁）は九六年十一月二十一日、和歌山市の第二地銀で紀州の〝はんぱ銀行〟と陰口を叩《たた》かれた阪和銀行に対して、戦後初の業務停止命令を下した。

前会長の姉の子で福田家後継として五代目頭取を務め、小山と激しく対立していた橋本は九五年七月、阪和ギャランティ・ファイナンスが千三百十七億円、阪和リースが二百二十九億円の負債を抱えて倒産した責任を大蔵省から追及されて辞任した。

この橋本退陣で、創立以来続いてきた阪和銀行の福田・小山一族支配は終わりを告げ、六代目頭取には同省から官僚が派遣された。

小山の死で抗争に勝利したかに見えた橋本は詰め腹を切らされた挙げ句、九七年十一月には県警に特別背任容疑で逮捕され、九九年三月、和歌山地裁で懲役二年、執行猶予三年の有罪判決を受ける（刑は確定）など悲惨な末路を辿《たど》った。

元大蔵省中国財務局総務部長の頭取、前日本銀行水戸事務所長の専務という阪和銀行の新体制は、大方の予想通り、金融当局が送り込んだ〝刺客〟コンビであり、他の役員には一切知らされないまま、秘密裏に〝計画倒産〟への道を歩み始めた。

「極めて乱暴な言い方をすれば、金融・捜査当局は関西新空港をめぐる疑惑からフォレストシティ疑惑、関西の暴力団系フロント企業に多額の地上げ資金を提供したノンバンクの乱脈経営……など、あらゆる不祥事を阪和銀行に被《かぶ》せて葬り去ったのではないか。危うい金融機関と不良債権整理のモデルケースにしたフシが窺《うかが》われる」（関西の地銀幹部）

実際、阪和銀行の不良債権はいろいろと加算され、決算時の公表額の約四倍に当たる千九百億円に増えており、貸出資金の四三パーセント（決算時の公表額は一二パーセント）が回収不能で、しかも二百十八億円が債務超過という惨憺《さんたん》たる状態に陥っていた。

阪和銀行は九八年一月二十六日、完全に息の根を止められ、姿を消した。阪和銀行を破綻に追い込んだ元凶とも言える「和興開発」も翌二月十八日、負債総額七百八億円を抱え、会社更生法を申請した。

さらに何と、橋本頭取逮捕を陣頭指揮した県警本部長は異例とも言える大蔵省キャリア組であり、本部長から同省金融服務監査官室の初代室長に栄転している。つまり大蔵省ファミリー総出で闇社会の〝貯金箱〟潰《つぶ》しに取りかかったことを意味する。

「あの射殺事件がなければ、大蔵省も阪和銀行をこうも大胆には潰せなかっただろうな」

関西の金融関係者がそう漏らした言葉が、この事件の闇の深さを表している。

しかし、闇社会と直結した阪和銀行と「和興開発」を消滅させ、紀陽銀行のオーナー頭取のクビをすげ替えたことで、「金融無法地帯」と言われた紀州・和歌山の闇は晴れたのだろうか。

そして、バブル崩壊の地獄を這《は》い回っていた関西の経済界が、果たして立ち直ったのかと問えば、答えは明らかに「否」だろう。なぜなら、そこには関西の腐敗構造という堅固な壁が立ちはだかっていたからだ。

関西の雄・住友銀行が念願の東京進出を果たそうと、その足がかりとして平和相互銀行を吸収合併するため、政財官界はもとより闇社会まで動員して、あらゆる障害を取り除いたことは、前に述べた通りだ。

それが東西の闇の紳士たちに付け込まれるスキを作り、住銀・イトマン事件をはじめとする大型経済犯罪を次々と引き起こさせる元凶となったと言っても、決して過言ではないだろう。

これら「負の遺産」を整理しない限り、関西経済界の真の復興はないのである。

狙われた銀行

一九九四年秋、一発の銃弾が日本の金融業界を震え上がらせた。日本経済を復興させる夢を吹き飛ばし、闇社会の面々を蘇《よみがえ》らせた瞬間でもあった。

名古屋市千種《ちくさ》区のマンション十階に住む住友銀行名古屋支店長の畑中和文が九月十四日早朝、パジャマ姿で自室前のエレベーターホールの壁に右肩をもたれ、右足を折り、左足は投げ出して座るような状態で、全身が血まみれになって死んでいるのが見つかった。

死因は《右頭部貫通銃創による出血を伴う広範な脳挫傷《ざしょう》》（解剖所見）だった。

愛知県警は遺体の状況などから、何者かが一メートル以内の距離から拳銃《けんじゅう》を一発発射し、銃弾が畑中の右目上から左後頭部を貫通して、《十秒以内に死亡》（同）させたと断定した。

畑中にほかの外傷はなく、自宅ドアが開き、新聞が放り出されていたが、室内に接客したり、荒らされたような様子はなかった。

マンションの全扉は内側からしか開かず、正面玄関は完全オートロック方式を採用するなど防犯態勢は厳重だった。犯行当日も朝六時半頃に新聞が配達されて以降、誰も出入りした形跡はなかった。

この状況を受けて、捜査に当たったベテラン刑事はこう語る。

「犯人は新聞配達員の後について建物内に入り、十階の非常階段で中に入れるように扉を少し開けた状態で隠れていたと見られる。そして、朝刊を取りに現れた畑中さんを引きずり出し、左手で襟を摑《つか》んで体ごと壁に押しつけ、頭に弾丸を撃ち込んだと見て間違いないだろう。冷静に拳銃を水平に撃って一発で仕留めており、軍隊などで射撃訓練を積んだ凄腕《すごうで》のプロの犯行だ」

畑中は六五年に大阪大学法学部を卒業後、住友銀行に入行。東大阪支店（当時は布《ふ》施《せ》支店）を振り出しに、主に本店の総務畑を歩み、総務部次長に就任した。八七年四月からは大阪市の梅田《うめだ》北口支店、大阪駅前支店、船場《せんば》支店などの支店長を歴任し、九一年六月に取締役に昇格すると、十一月からは名古屋支店長として単身赴任していた。行内では近く常務に昇進すると見られていた。

「エリートながら明るい人柄で、部下にも人望があった。彼を悪く言う人はいない」と行内の評判は上々で、個人的な怨恨《えんこん》の線は全く浮かんで来ない。

ただ、畑中が事件直前、知人に「不良債権の処理には疲れ果てた。まだ、しんどいのがあるんや」と漏らしていたとの情報があることや、彼が総務畑が長く、主に総会屋対策を任されてきたことから、深刻な仕事上のトラブルがあったのではないかと見て、重点的に捜査した。

ところで、住友銀行名古屋支店と言えば、住銀・イトマン事件の主役・伊藤寿永光が出入りするなど、さまざまなトラブルを抱えていた部署とされる。

伊藤は八七年、畑中の前任支店長の紹介で住銀出身のイトマン名古屋支店長・加藤吉邦に食い込み、加藤を通じてイトマン社長の河村良彦に「二千億円プロジェクト」を持ちかけた。それが、後にイトマンを食いつぶす大きな問題になっていったのが住銀・イトマン事件である。

ただ、住銀名古屋支店長のポストに就いた人間は誰でも伊藤に対して、次々と多額の融資を行い、彼の犯罪スレスレの〝怪しげなビジネス〟を手助けすることで、支店の業績を飛躍的に伸ばしていたのは事実である。

だが、そうした業績の大半が焦げついてしまった。

イトマン事件で闇の勢力を住銀に取り込んだ張本人の元会長・磯田一郎一派を、後に何とか追放した住銀が一斉に強硬姿勢で臨んだイトマン関連の不良債権回収後においても、名古屋支店にはまだ合計四百億円余に上る不良債権が残っていたという。それら「極めて厄介なトラブル案件」の後始末役として乗り込んだのが、ほかならぬ畑中であったのである。

「畑中さんは〝住銀の天皇〟の全盛時から磯田会長に反旗を翻し、追い落としに奔走していた人物だ。会長失脚後にその牙城《がじょう》だった名古屋支店に送り込まれ、闇社会と絶縁するとの特命を受けていただけに、いつ生命を狙われても不思議でなかったんだ」

住友グループの関係者は、そう語る。

イトマン関連の不良債権に係わる処理案件はあまりに数が多いため、回収を担当する本店融資第三部だけでは間に合わず、一部は取引案件の多かった名古屋、船場両支店に流れていたという。両方の支店長を歴任しているのは畑中だけで、その意味でも彼ほど不良債権処理に打って付けの人物はいなかったのだ。

「当時、暴力団や地上げ屋を相手にした債権回収作業は危険極まりなく、担当者には密《ひそ》かに防弾チョッキが配られていたんだ。畑中さんは装着していなかったが、犯人はそうした内部情報まで入手していたため、最初から頭を狙って撃ったのではないか。犯人に繋《つな》がる者が行内にいると考えただけで怖くなる」（住銀幹部）

住銀が関わった不良債権案件はイトマンだけではない。平相銀合併にまつわる金屏《きんびょう》風《ぶ》疑惑（後出）をはじめ、稲川会会長・石井進の株指南役で知られ、航空測量の最大手・国際航業の乗っ取り事件で摘発された仕手集団「光進」グループや、首都圏の住銀支店長が逮捕された仕手集団「誠備」グループへの不正融資斡旋《あっせん》、暴力団系フロント企業に融資した多額の地上げ・仕手戦資金……など数多い。

また、イトマン社長の河村や名古屋支店長・加藤に加え、紀陽銀行の頭取だった山口壽一も住友銀行出身で、磯田の側近が同行の世話役を務めていたといい、そうした繋がりから暴力団への地上げ資金などを回していた可能性も捨て切れないだろう。

イトマン関連案件を除いた名古屋支店独自の不良債権も半端な数ではなく、捜査当局がその中で射殺事件に繋がりそうなものを絞り込んだところ、何と十三件も出てきたという。

それらは、計画当初から伊藤寿永光の影がチラつき開発会社社長の拉致《らち》事件まで起きている三重県のゴルフ場開発をはじめ、山口組系フロント企業が主導するトラブル続きの岐阜県のゴルフ場開発や、山口組系元組長が絡み住銀支店幹部への暴行事件まで発生した愛知県の地上げ……など。どれも一筋縄では行かない事案が並んでおり、「どの利権争いも長期にわたってドロ沼化し、誰もが身動き取れなくなっている。こういう膠着《こうちゃく》状態の時こそ何が起こるか分からないから怖い。畑中さんの強引さでは、いつ誰に殺されてもおかしくなかった」(愛知県警幹部)

畑中の場合、磯田が推進したパチンコ業者や水商売との取引が多い梅田北口支店をはじめ、平相銀絡みの不正融資案件を多数抱えた京都・四条《しじょう》支店、山口組系フロント企業の口座が圧倒的に多い大阪駅前支店、ヤミ金融業者などが多く利用している船場支店、そして前出の名古屋支店と、問題の多い支店の長を五か所も務めた。

その人事自体、会長に嫌われた末の異例の異動とも見られるが、常に債権回収の最前線を歩いてきたという「住銀の裏の裏まで知り尽くしたバンカー」(住銀関係者)だけに、格好の標的となった可能性は捨て切れない。

愛知県警は名古屋支店に止《とど》まらず、畑中の前任地に遡《さかのぼ》って徹底的に調べている。

ところで、この事件に絡んで触れておかなければならない一人の男がいる。

三十年以上の刑務所服役生活を誇り、「懲役太郎」と自認する名古屋市の近藤忠雄なる男で、何と「畑中支店長を射殺した」と自供したのだ。

大阪市中央区の住銀本店に拳銃を持って押しかけたところを逮捕されたのだが、一時は「近藤が共犯者とともに畑中支店長を監禁して銀行から金を恐喝しようとしたものの、共犯者が誤って射殺してしまった」との見方も出て、捜査本部内は緊迫した雰囲気に包まれた。

彼が持参した拳銃《けんじゅう》が米国製三八口径回転式拳銃S&W（スミス・アンド・ウェッソン）のうち、銃身が短い「レディー・スミス」と判明。鑑定の結果、線条痕《せんじょうこん》が射殺事件に使われた銃と一致したため、「事件の真相を知る人物」として取り調べを続行することになったのだ。

もっとも、近藤は最後までのらりくらりとして肝心なことは供述せず、県警は彼の虚言に振り回される結果に終わった。最終的に県警は近藤が何者かに報酬を貰《もら》って出頭役を引き受けた〝替え玉〟であると断定した。

近藤は二〇〇九年一月、事件の時効に合わせるかのように獄中で病死した。彼に拳銃を渡した男の正体は「墓場まで抱えて持っていった」のである。

一触即発の睨み合い

ここでもう一つ気になるのは、一九九三年二月から五月にかけて住銀だけではなく、住友グループ各社が計二十二件ものテロ事件に見舞われていたことである。

まず二月二十日に、大阪府高槻《たかつき》市の住友生命社長宅や横浜市の住友不動産社長宅に火炎瓶が投げ込まれた。さらに、住銀頭取宅や住友商事社長宅に火炎瓶攻撃が仕掛けられ、住銀支店への銃撃、電話ケーブル切断……と奇怪な事件が相次いだのだ。

これらの事件について、最初の事件の三日前に、平相銀の金屏風疑惑に関する元首相・竹下登の国会証人喚問が開かれたことから、それと結びつける捜査関係者が多かったのは事実である。

金屏風疑惑とは八六年、住銀による平相銀合併の裏側で、合併に反対する経営陣が自社株の買い戻しを条件に、都内の画商から蒔絵《まきえ》の金屏風を約四十億円で購入。その代金の一部が竹下らに渡るなど政界工作に使われた、というものだ。

この疑惑は後に住銀・イトマン事件や東京佐川急便事件に繋がる〝バブル犯罪の原点〟として位置づけられ、自社株の買い戻しに奔走していた平相銀監査役で弁護士の伊坂重昭が「画商から《佐藤十五億、竹下三億、伊坂一億……》と書かれたメモを見せられた」と証言したため、竹下が国会喚問を受ける事態に発展した。この問題が後に日本皇民党の「ほめ殺し」騒動に繋がっていったとされる。

住銀が首都圏の闇社会と関わりを持つようになったのはこの頃で、八七年四月には合併に抗議する右翼活動家に東京営業部や都内の二支店で糞尿《ふんにょう》を撒《ま》かれる洗礼を受けている。

実は、この年は一月に住友グループの首領で住友不動産会長・安藤《あんどう》太郎宅に三人組の右翼活動家が乱入し、夫人を人質に立て籠《こ》もる事件を起こしている。

元住友不動産幹部ら三人が東京・町田《まちだ》市の住宅造成事業に絡み、会社に無断で手形を裏書きしたり支払い保証書を発行し、不動産会社から十六億円を騙《だま》し取った「町田プロジェクト詐欺」事件を受け、右翼団体が一斉に「住友は都内の土地買い占めに介入している」と糾弾していた。そうした反住友勢力が大物右翼・野村秋介《しゅうすけ》のもとに集まっており、安藤宅を襲撃した三人組もそのメンバーだった。

これに対し、安藤が新聞のインタビューで「（右翼は）金のことでは格好が悪いから、ああした大義名分を使った。お金でもやれば済んだのでしょうが……」と発言。その前には野村の事務所に六発の銃弾が撃ち込まれる発砲事件が発生したこともあって、右翼側の怒りに火がつき、全国から右翼団体や暴力団が続々と集結し、双方が睨み合う騒動に進展した。

そうした混乱の中、住銀東京営業部への銃撃、安藤宅への青酸カリ送付……と、テロ事件もエスカレートする一方だった。前述した糞尿ばら撒き事件も、そうした流れの中で起きた事件と見られている。

こうして一触即発だった両者を和解の席に着かせたのは、平相銀合併の立役者でもあった稲川会会長の石井進と政財界のフィクサー・佐藤茂の二人である。

それなら、九三年の連続テロ事件は、なぜ起きたのか。

「大量のイトマン株を保有していた山口組など関西闇社会の面々が、イトマン事件による株価暴落で百億円単位の損害を出したことで、その損失補塡《ほてん》を住銀などに迫り、脅しを掛けるために各首脳宅に火炎瓶を投げ込むなど、次々と襲撃事件を起こしたのではないか」

裏事情に詳しい関西の投資顧問会社社長は、そう分析する。

この時も佐藤が間に入り、山口組が関わる関西新空港絡みの開発事業に住友銀行が新たに約百二十億円を融資することで、一度は話が決着した。

ところが、佐藤が九四年八月に腎不全《じんふぜん》で病没すると、住銀内で高まりつつあった債権回収をめぐる強硬論が一気に噴出。多額の焦げつきを抱えるフロント企業に対して「利息だけでも入れて貰えないか」と申し入れるなど強気の姿勢に転じたため、住銀と闇社会の間には極度の緊張状態が生まれつつあったという。

さらに和解の条件だった肝心の融資が半分しか行われず、そのために開発事業が頓《とん》挫《ざ》したこともあって、山口組ナンバー2の宅見は「面子《メンツ》をつぶされた」と激怒した。

そして周囲に「住銀にお灸《きゅう》を据えたる」と語ったとの伝説が流れている。

〝最後のフィクサー〟佐藤の死で表社会との緩衝材を失った闇社会が、住銀に怒りの鉄槌《てっつい》を下した、というのが順当な見方だろう。

ところが、この話には実は、もう一つ裏事情があったというのだ。

「最初の仲裁話は、実は、関西新空港絡みの開発事業への融資だけやのうて、事業に関与した暴力団が手を引くための迷惑料を百億円、間に入った山口組最高幹部への謝礼を五十億円支払うという約束になっとったんや。だが、佐藤社長が亡くなり、プロジェクト自体も頓挫したことから、約束ごとが曖昧《あいまい》になってしもうた。最高幹部への謝礼こそ支払われたものの、迷惑料は全く出んかったんや。そこで怒った暴力団が落とし前を付けた、というのが真相なんや」（山口組系企業舎弟）

しかも、その情報を警察当局が摑《つか》み、九四年十月に関西新空港開発事業に関与したとされる暴力団幹部を別件で逮捕して調べようとした矢先に、前出の近藤がタイミングよく〝出頭〟してきたというから、何やら最初から仕組まれた「B級の田舎芝居」を観せられているような気がしてならない。

企業受難の本当の理由

バブルが崩壊し金融機関が生き残りを賭《か》けて債権回収を進める前に、闇社会の「暴力装置」が立ち塞《ふさ》がる。改正暴力団対策法施行や司法・捜査当局の取り締まり強化で次第に追い詰められた闇の紳士たちは、企業や経営者宅に銃弾を撃ち込んで、強烈な「警告」を発する。

その延長線上にある「実力行使」が殺人であり、本当の意味の企業テロなのだ。そうなると、住友グループはたまたま標的になったに過ぎず（もちろん標的になる理由は十分にあるのだが）、他のどの企業も標的にされる危険性を十分に秘めていることになる。

実際、住友銀行名古屋支店長射殺事件の約一年前から、主なものだけでも十数件の企業テロ事件が起きていた。

前述したように、新聞報道されるなど表面化したものだけでも、九三年は豊田合成社長宅や、そごう百貨店社長宅に銃撃。八月の阪和銀行副頭取射殺事件の後も、東海銀行頭取宅が銃撃されている。

九四年にも、二月の富士写真フィルム専務刺殺事件のほか、ミネベア専務宅や名古屋鉄道社長宅への銃撃、アサヒビール・JR西日本名誉会長宅への火炎瓶攻撃――など、山のように起きていることが分かった。

このうち、東京・世田谷《せたがや》で起きた富士写真フィルム専務刺殺事件では、後に大阪の暴力団員が逮捕され、犯人がわざわざ関西から派遣されていたことが判明。闇社会の組織力やビジネスライクな連係ぶりに、企業側は衝撃を受けた。

そして、何より、前述した阪和銀行副頭取射殺、住友銀行名古屋支店長射殺という銀行幹部が殺害される二つの企業テロ事件が未解決のまま時効を迎えたことが、いつまで経っても、闇社会に対する企業の潜在的な恐怖心を拭《ぬぐ》えない現状を招いている、と言っていいだろう。

戦後の日本で金融機関の幹部が企業テロで殺害された例は、この阪和・住銀両射殺事件を含めて、わずか三件しかない。

第一号は、平成に入ってすぐに発生した湯浅《ゆあさ》信用金庫本店長刺殺事件。阪和銀行と同じ和歌山県内の事件であり、手口こそ刺殺と違っているが、後の阪和・住銀両射殺事件を彷彿《ほうふつ》とさせる「冷酷で情容赦のないプロの犯行」であり、企業幹部はもとより世の人々を恐怖のドン底に陥れた。

事件は一九八九年七月三十日夜、和歌山県有田《ありた》郡湯浅町の湯浅信金本店長・小川武昭宅で発生した。身長百六十五センチ前後、白いワイシャツにベスト姿の初老の男が自宅に侵入し、浴室で入浴中だった小川の全身を小刀で刺して殺害したのだ。

犯人は小川の妻に「あいつがカネを貸してくれんかったために、首をくくったヤッがおるんや」と言い放ち、妻の手足を粘着テープで縛って悠々と逃走したという。

この事件は「債権回収をめぐるトラブルが犯行動機と見られ、プロを雇った手口も後の阪和・住銀両射殺事件に通じるものがある」（和歌山県警捜査員）といい、実際に捜査線上に浮上した容疑者の中にも、阪和事件で名前が挙がった面々がかなりいたらしい。

「田舎の信金に始まって、標的が地銀、都銀と次第に拡大しているところが怖いわ。大阪と和歌山は関西新空港絡みで激しい利権争いがあって、ヤクザや地上げ屋がドッと押し寄せ、地価は高騰するわ、ドンパチはあるわで大騒ぎやった。金融機関もそんな連中にどんどんカネを貸し付け、その大半が今、トラブルになっとるわけや。殺された住銀の支店長も大阪でこうした動きに関わっておったようやし、そこに一連の企業テロ事件の原点があるんやないか」（ベテラン捜査員）

この捜査員の指摘は、非常に的を射ていたようである。

関西の企業舎弟の一人は、前述した宅見の言葉を借りて、こう言い放った。

「住銀の事件は、裏切り者にお灸を据えただけや。バブルの時はワシらを利用するだけ利用して、用済みになったらポイ捨てかい。『自分たちだけ被害者面するなや』と言うことや。現に、あれで銀行は完全に腰砕けになり、問題の多い案件は皆、手つかずになってもうたわ。たった一発の銃弾でヤッら（金融業界）の不良債権回収の意欲を粉砕したんやから、あの弾丸は数千億円の価値があったちゅうわけや」

この言葉は、阪和銀行副頭取射殺事件にも当てはまる。

「阪和事件でノンバンクの整理が大幅に遅れたため、銀行は闇社会の延命を助け、彼らとの関係を断ち切る絶好の機会を逸してしまった。そればかりか、地銀や第二地銀は経営上の弱点を突かれ、半ば脅迫されて、返済見込みのないノンバンクへの追加融資を二千億円も行う羽目に陥った。それが彼らの殺人の報酬となったわけです」（関西の地銀幹部）

それどころか、テロに遭った企業の株価が軒並み急上昇するという、証券業界の常識に反する事態まで起きた。株価一千円前後だった住友特殊金属が三か月後に二千九百円と過去三年間での最高値を記録したのをはじめ、住友金属鉱山が六百三十円から千百六十円に、住友化学工業が四百十六円から五百八十七円に急騰。この動きは九四年に入っても継続し、住友石炭鉱業の株価が過去最高値を付けるなど〝珍現象〟が続いた。

「暴力団や企業舎弟が住銀・イトマン事件を契機に住友グループの株を大量に買っており、企業テロを止める代わりに、企業に株価操作させて売り抜けたのではないかと見ています。九三年後半からは、ほかの企業でも似たような現象が起こり、市場では飛び交う暴力団情報に神経を尖《とが》らせているのが現状です」(証券会社幹部)
というから、さすがに闇の紳士たちは転んでもただでは起きないというところか。むしろ、こうした〝経済効果〟こそが彼らの狙い、真の犯行動機ではないかと考えるのは、あまりに穿《うが》った見方であろうか。

阪和・住銀・イトマンの接点

一流の銀行マンが闇社会の人脈と付き合う際、犯罪に巻き込まれないように、事情説明用あるいはアリバイ確認用に密《ひそ》かにつけているという「裏日誌」とか「裏メモ」と呼ばれる極秘文書がある。

阪和銀行事件で射殺された小山も、そうした「裏日誌」をつけており、筆者はその一部(コピー)を入手したが、そこには「たとえ裏付けが取れたとしても、恐ろしくてとても書けないような内容」が、細かい字で欄外までぎっしりと綴《つづ》られていた。

まず驚いたのは、膨大な記述のあちこちに、《イトマン》の文字が頻繁に出てきたことである。特に一九九〇年秋、小山は大阪市内の料亭で、当時はイトマン専務(元名古屋支店長）だった加藤吉邦と密かに会っていたことが記されていた。

二人の会談内容について詳細な記述はなかった（と言うより、詳細な記載部分は既に隠匿されていて、入手できなかった可能性が高い）が、当時の小山は専務として関西新空港関連事業に絡んで、大阪府南部や和歌山県の巨額な地上げ資金の融資に取り組んでいたほか、天神崎リゾート開発に関連してフロント企業との関係が取り沙汰《ざた》されていた頃であり、イトマン問題で奔走する加藤に対し、暴力団情報や対策を質問していたと見られる。

同じページの欄外に、《住友銀行》とか《山口組》などの文字が走り書きされ、何度も線を引いた跡が残っていたことが、その話の重要度や緊迫ぶりを物語っている。

その加藤は小山と会談直後の十二月、名古屋市北区の自宅浴室で水死体で発見された。

地元警察署によると、加藤は浴槽に腰を下ろし、仰向《あおむ》けに湯の中に沈み込むような形で倒れていた。近所の医師は溺死《できし》と診断し、警察も①加藤の自室から伊藤寿永光への恨みが綴られた自筆の遺書が発見されている。②加藤の身体にほかに外傷はなく、外部から侵入した跡も見られない――などから自殺と断定し、司法解剖さえ行わなかったという。

だが、浴槽に張られた湯はわずか四十センチほどの深さしかなく、とても大人が溺《おぼ》れる状況には思えなかった。妻も「夫は精神安定剤を飲んで一度就寝しており、自殺するはずがない。手紙も家族への引き継ぎのメモだ」と言って、警察に再捜査を申し入れている。

また、加藤をよく知る住銀関係者も「彼は確かに過労気味で、亡くなる前日に河村社長から叱責《しっせき》されてガックリしていたが、追い詰められた感じはなかった」と証言していた。

加藤は名古屋支店長時代、「闇社会のエース」と呼ばれた伊藤を社内に引き入れた人物で、伊藤と河村を繋《つな》ぐ役割を果たしたばかりか、彼自身が絵画取引疑惑の当事者でもあった。まさにイトマン事件解明の鍵《かぎ》を握る男として、捜査当局にマークされていたのだ。

そんなキーパーソンが強制捜査に着手する直前に変死したのだから、もっと慎重に死因を調べるべきではなかったか。あまりに安易でズサンな捜査が悔やまれる。

「加藤専務は殺害された可能性がある。精神安定剤を飲んでフラフラになった人間に〝遺書〟を書かせ、筋弛緩剤《しかんざい》を膝《ひざ》の裏など見にくい部位に注射すれば、自殺に見せかけられる」

今になって、捜査幹部の一人はそう明かすが、時既に遅しだろう。

この「裏日誌」でもう一つ注目すべき点は、射殺された住銀名古屋支店長の畑中と思われる《住銀H》という記述が、数か所にわたって出てくることだ。

主に小山・加藤会談前後と加藤の変死直後の時期に登場し、畑中の前任の名古屋支店長が加藤に伊藤を引き合わせた経緯や、畑中が山口組系暴力団幹部やフロント企業との取引が多い梅田北口、大阪駅前、船場支店長を歴任していることから、畑中と小山、加藤の三者間で、闇社会に関する情報交換や対策協議が行われていた形跡が窺《うかが》われる。

また、この《住銀H》の記述の近くには、たとえば《J・O》のように正体不明の人名がアルファベットの頭文字で綴られた箇所が頻繁に登場する。

大阪府警の幹部は、それらの周辺にある記述内容などから「債権回収をめぐる交渉相手の暴力団幹部か、間に立った企業舎弟の名前の可能性が高い」と見ているが、果たしてそうだろうか。

阪和銀行副頭取が射殺された直後に水面下で、関西のヤミ金融業者の一人が知り合いの企業舎弟から「小山の次に殺《や》られるのは住友銀行の誰かやろう。次はきっと、あの畑中の番や」と耳打ちされたという情報が飛び交っていた。

その情報が事実なら、畑中暗殺は闇社会で〝予告〟されていたことになる。

二〇〇八年三月に警視庁が摘発した不動産開発会社・スルガコーポレーション（〇八年六月に破綻《はたん》）の地上げ事件で、現場で山口組系暴力団傘下の地上げ業者との折衝に当たっていた若手役員は、住友不動産の社長・会長の座に計二十二年間も君臨した大物経営者の御曹司だった。

この役員は警視庁の事情聴取に対して、「相手が山口組の関連企業であることは知っていたが、業績は順調だったし、うまくやっていけると思った」と自信満々に供述していたという。

しかし、彼は知人にこう漏らしたことがある。

「地上げの手法に異議を唱えたら、『君のお父さんには昔、いろいろと世話になってな。その親御さんのもとに無事に帰さんと悲しむやろ。分からんようなら、親父に聞いてみんかい』とすごまれ、震え上がってしまった。それからは、彼らの言いなりだった」

地上げ屋が言う「世話になった」とは前述したように、九三年に立て続けて発生した住友グループに対する企業テロ事件を示唆していることは明白だった。

この若手役員の父親宅にも火炎瓶が投げ込まれたり、放火された事件が発生しており、彼がビビるのも当然だった。

さらに、この地上げ屋は若き役員に〝ある組織〟の存在を仄《ほの》めかし、まるで脅しをかけるように、こう「警告」したという。

「これまで数え切れないほど多くのビジネスマンたちが〝無念の戦死〟を遂げてきたことを知っとるやろ。でも、我々は生き抜いて〝なんぼ〟の渡世や。世の中のことをしっかりと学んで、生命は大事にせにゃならんで。その道理が分からんヤツには引導を渡したらないかんし、そういう役目の者がワシらの世界には、ずっと前からいるんやな。まぁ、せいぜい、気をつけとくことやな」

自分たちの利益や組織にとって邪魔な人間は必ず排除する――そんな情無用の企業テロの時代は今も、脈々と続いているのだ。

日本の闇社会ではこれまで、児玉誉士夫や小佐野賢治、石井進、佐藤茂……などの「黒幕」と称された大物フィクサーたちが次々と世を去り、そして、西のドン・宅見勝も姿を消した。

頭脳と腕力を兼ね備えた「仕切り役」を失った闇社会は、次第に暴走を始めた。

暴力団や右翼団体、総会屋はもとより、企業舎弟や地上げ屋、仕手集団、はたまた全く闇社会に関係ないＩＴ長者や金融・証券マンら「共生者」まで続々と登場して、烈《はげ》しい利権抗争を繰り広げており、より一層、闇社会のボーダレス化が進んでいる。

「もはや、誰がヤクザで、誰が堅気か分からないし、素人の方がよっぽど恐ろしいことを仕出かす。そんな〝目に見えない恐怖〟が支配する時代がやってきたと言える。そのスタートを知らせるスイッチを押したのはバブル崩壊であり、山口組五代目若頭の暗殺だったのではないか、と思えてならないんだ」

五十年以上のヤクザ生活を全うして引退したという元暴力団員は、過去の抗争事件で傷めた右足をさすりながら、しみじみとそう語った。

彼は今、酒もタバコも博打《ばくち》も止め、散歩を日々の日課とした〝悠々自適〟の生活を送っているという。

ヒットマンも、捜査員も来ない。ヤクザの面子《メンツ》も、闇社会の掟《おきて》もない。何より、しのぎを気にしなくていい。

収入は生活保護の受給だといい、隠居後も公的資金を得て生きている。

果たして、これでいいのだろうか。

第4章　ITバブルを喰うハイエナ

エリート起業家の陰に仕掛け人

東京・内幸町《うちさいわいちょう》の帝国ホテルで二〇〇〇年一月三十一日、ベンチャー企業のリキッドオーディオ・ジャパン（当時。現・ニューディール。以下、リキッド社と呼ぶ）の東証マザーズ上場第一号を記念したパーティーが、各界から約千二百人のゲストを招いて大々的に開かれていた。

二つの宴会用大部屋をぶち抜いた会場に設けられたステージでは、小室哲哉《こむろてつや》とつんくという日本の音楽界を代表する二人のヒットメーカーがスピーチに立ち、「インターネットはレコード、CDに続く第三の音楽革命です。僕らも応援します」と高らかに宣言した。

続いて、来賓として招待された幹事証券会社の日興證券副社長・竹田啓《けい》をはじめ、大手レコード会社の東芝《とうしば》EMI社長・斉藤正明《さいとうまさあき》、エイベックス社長・依田巽《よだたつみ》といった大物経済人が登壇。次々と上場会社誕生を大絶賛する祝辞を述べた後、浜崎《はまさき》あゆみやSPEED、モーニング娘。ら当代の人気歌手が勢揃いして、歌やダンスで〝熱いステージ〟を繰り広げ、総額三千万円余をかけた式典に華を添えた。

主催者のリキッド社オーナーの黒木正博と社長の大神田《おおかんだ》正文《まさふみ》は、美人タレントの藤《ふじ》原紀香《わらのりか》から花束を贈られ、小室とつんくによって両手を高々と掲げられて、満面の笑みを浮かべていた。

この豪華絢爛《けんらん》なパーティーを演出したのは、「芸能界のドン」と呼ばれている大手芸能プロダクションの社長だった。彼の面子とショービジネスマン魂を賭《か》けたパフォーマンスは大当たりし、その凄《すさ》まじいパワーと人脈の広さを世に見せつけるものとなった。

だが、本当は件《くだん》の芸能プロダクション社長の陰にもう一人の〝仕掛け人〟がいた。その人物とは何と、住銀・イトマン事件で暗躍し、「闇社会のエース」との異名を持つ伊藤寿永光、その人であった。

伊藤と芸能プロダクション社長の二人はパーティー開催の数日前、東京・銀座の高級和食店で打ち合わせした際、こんな会話を交わしたという。

「小室は自分のコンサートの開演を三十分遅らせて、顔を出してくれるらしい。これだけのメンバーを揃えて盛り上げるのですから、それは世間が注目して、株価も上がるでしょう」

「そうなってもらわんと、困るわな……」

伊藤は珍しくあまり多くを語らなかったが、終始、上機嫌だったようである。

こうした会話は、パーティーを開く本当の目的が、リキッド社の株価をつり上げるための一大デモンストレーションにあることをはっきりと示している。

狙いは見事に的中し、新進のベンチャー企業ながらど派手なパフォーマンスや芸能界とのパイプの太さに関心を示した投資家たちは、一斉にリキッド社株を買いに走った。同社の株価は四日後には何と、千二百二十一万円の超高値を記録した。

ところで、リキッド社とはいったい、どんな業務を行う企業なのか。

社名から言えば、インターネットによる音楽配信システムの草分けとされる米国カリフォルニア州の企業、リキッドオーディオ・インクの日本法人を連想させるが、実は全く違う。

一九九八年七月に設立し、米国のリキッド社とライセンス契約を結び、一応、同社の音楽配信システムを日本で販売する業務を主たる設立目的としている。

しかし、設立から一年余経った九九年十二月段階での売上高（六か月分）はわずか約三十三万円にしか過ぎず、とても株式を公開するレベルに達しているとは思えなかった。

ところが、会社のイメージからIT（情報技術）バブルの波に乗り、三百万円という強気の公募価格も驚きだったが、その二倍以上の六百十万円という初値が付いたのだ。

東京大学出身で学生時代から起業していたとはいえ、大神田は三十一歳三か月と上場企業で最年少社長だ。会社設立から一年五か月と実績がない赤字企業であっても、ＩＴ関連事業なら確実に儲《もう》かる――というムードが株式市場に広まるのに、さほど時間は掛からなかった。ただ、こうした現象に関心を抱いたのは、一般投資家だけではなかった。

前述したように、バブル崩壊で大事な金づるを失うなどかなりのダメージを受けた闇の紳士たちが、新たな儲け話の匂いを嗅《か》ぎつけ、挙《こぞ》って参入してきたのである。

闇社会の面々はこの時、既に投資事業組合という組織の出資者となって、株式市場で荒稼ぎを始めていた。詳細な手口については、後述するライブドア事件の項に譲るが、彼らは第三者を間に挟んで投資事業組合を設立したり、別の組織が運営する投資事業組合に正体を隠して出資。それを受け皿にして、標的とする企業の転換社債を引き受け、素早く株式に転換する。その後で、株価上昇に繋《つな》がるような情報や企画を意図的にマスコミに流すなどして株価をつり上げたうえで、高値で売り抜ける――という手法を駆使していた。

バブル崩壊で多額の負債を抱え、さらに捜査当局にマークされていた彼らは、表立って資金稼ぎをするわけにはいかなくなった。そのため、匿名で出資できる投資事業組合に目をつけ、一般投資家になり済ます「変身の術」に打って出たのだ。

彼らにとって幸運だったのは、その時、ITバブル（ネットバブル）の波が押し寄せたことだ。そして、その先鞭《せんべん》をつけたのがリキッド社だった。

この闇社会の動きは、既に本章冒頭に記したパーティー会場で表面化していた。

華やかなイベントが最高潮に達した頃、ホテルのエントランスには次々と何台もの黒塗りの車が横付けされた。そして、いかにも「その筋の人」と分かる人相風体の若い衆たちがバラバラッと降りて来て、ズラリと整列した。そこにゆったりと黒いリムジンが到着し、杖《つえ》をついた初老の紳士が降り立つと、男たちは一斉に「ご苦労さまです」と大声を張り上げ、腰を九〇度に折り曲げ最敬礼して迎えたのだ。

眼光鋭い若い衆に囲まれるようにして会場入りした紳士は、東京・赤坂に拠点を置き、政財界に睨《にら》みを利かす「大物の黒幕」だった。大手パチスロメーカーなどの大株主として知られ、リキッド社にも多額の出資をしていたことが、後で判明した。

この違和感あふれる紳士の出現で、パーティー会場は一瞬、時間が止まったかのように異様な緊迫感に包まれた。

しかし、さすがに生き馬の目を抜くビジネスの世界や、虚飾に彩られた芸能界に生息する人々の集まりだけに、すぐに何事もなかったかのように、元の喧騒《けんそう》と偽りの輝きに満ちた空間に戻っていた。この変わり身の早さこそが、「マネーの闇」の最大の特徴でもあった。

殺到するハイエナたち

東証のベンチャー企業に特化した市場であるマザーズには一九九九年十一月の開設当初から、何やらドス黒い霧が漂っていた。

リキッド社に続き、二〇〇〇年にマザーズ上場を果たしたIT企業の若手起業家三羽ガラスと言えば、クレイフィッシュ社（以下、クレイ社）社長の松島庸《いさお》、サイバーエージェント社長の藤田晋《すすむ》、ライブドア（上場当時はオン・ザ・エッヂ）社長の堀江《ほりえ》貴文《たかふみ》の三人を指す。

三人ともIT長者として富の象徴・六本木ヒルズの住人だったが、松島は上場一年後には創業した会社を追われ、堀江も後に証券取引法違反容疑で逮捕された。唯一、ヒルズ族でい続けられたのは藤田だけだが、彼も村上ファンド代表の村上世彰《よしあき》から会社清算を迫られ、楽天社長の三木谷浩史に泣きついて融資を受けるなど順風満帆とは行かなかった。

各人については後述するとして、ここではまず、リキッド社について書こう。

前述のパーティーから九か月後の十月末、社長の大神田ら五人が警視庁に逮捕された。容疑は経済事案でなく、役員の拉致《らち》監禁というヤクザ顔負けの粗暴犯罪だった。

事件は一九九九年六月の白昼、東京・渋谷《しぶや》区の病院駐車場でリキッド社役員が三人組の男に殴打された末に車で拉致され、ラブホテルに計五十五時間も監禁されたことで始まった。

山梨県内の山中に放置され、救出された役員は会社を辞めたが、その後も港区の路上で暴行、世田谷区内で高級車盗難などの事件が続き、警視庁は大神田が一回約百万円の報酬で襲撃犯を雇ったことを突き止め、三回にわたり逮捕したのだ。

これらの事件はリキッド社の上場前に起きており、華麗で知的な最先端を行くIT企業というイメージからはとても想像できない〝黒い企業〟が表社会に登場したことになる。

そうした懸念は忽《たちま》ち、事実であることが証明される。犯行動機は当初、社内の派閥抗争と見られたが、リキッド社周辺ではほかに、取引先の社長に対する暴行、ライバル会社の事務所への銃弾二発の撃ち込みなど凶悪事件が続発。被害者だった元役員もリキッド社のサーバーに不正に侵入して逮捕されるなど、事態は予想外の広がりを見せ始める。

大神田は山梨県の酪農家に生まれ、東京大学工学部三年に在学中の九〇年、アルバイト先の学習塾経営者と共同で子供向けパソコンスクール事業を始めた。

バブル崩壊で事業が頓挫《とんざ》すると、出資者の一人だった大手家電メーカー社長の紹介で、テレマーケティングを行う会社を経営していた黒木と知り合い、九四年八月に黒木の会社に入社。四年後には黒木とともにリキッド社を設立し、上場直前の九九年十一月に社長に就任した——というのが、大神田自身がこれまで明らかにしてきた経歴である。

ところが、大神田は黒木と出会う前、東京・渋谷区の高級外車販売会社に在籍していたことが判明。その会社が山口組系の武闘派組織や右翼団体などの数十台の車を引き受け、名義の不正操作を行っているフロント企業として、警察当局からマークされていた事実が発覚した。しかも、大神田は外車販売会社社長との間に約四千万円に上る金銭トラブルを抱えていた。それを元役員に知られたため、口封じに動いた疑いが出てきたのだ。

もちろん、こんな〝美味《おい》しい話〟を暴力団が見逃すわけはない。

警視庁の調べによると、外車販売会社社長は大神田に対して、四千万円の債務返済に加え、口止め料を合わせて二億円を要求。交渉には黒木と、外車販売会社社長のバックにいる静岡県に拠点を置く山口組系暴力団幹部も同席したという。

一方、黒木の方も東京・南青山のファッションビル占有事件に絡み、占有屋（倒産企業が所有する不動産を不法占拠し、法外な立ち退き料を要求する面々で、暴力団の資金源となっている）の一味として名前が取り沙汰《ざた》され、新しい所有者から建物明け渡し訴訟を起こされ敗訴するなど、かねて黒い噂が付きまとっていた。

リキッド社の周辺には山口組系のほか、住吉会や東亜会の系列暴力団や企業舎弟の影がチラつき、恐喝や脅迫、傷害事件などで逮捕者も出た。まさに、日本中からカネの匂いを嗅ぎつけた闇の紳士たちが殺到してきたのである。

そうした兆候はリキッド社の大株主リストを見れば、一目瞭然《りょうぜん》である。一九九九年十二月の上場時点では、筆頭株主は黒木が経営する親会社で持ち株比率が四四・二パーセント。さらに米国のリキッド社や光通信、伊藤忠ファイナンス、NTTデータなど関連企業や融資を受けた金融機関などが続いていた。

ところが、二〇〇一年六月時点の大株主は、筆頭株主の親会社や第二位の米国リキッド社は変わらないものの、それ以外の大株主として、後に大きな経済事件で名を馳《は》せる闇の紳士たちが次から次へと登場し、まるでオールスターキャストの様相を呈していた。

一例を挙げると、第八位の大株主でパーティーを演出した芸能プロダクション社長の周辺には、前述した伊藤寿永光のほか許永中ら〝地下経済の住人〟たちの名前が見え隠れしている。第五位のＫは〇七年三月、大阪府警に証券取引法違反（相場操縦）容疑で元山口組系暴力団幹部とともに逮捕された「株の指南役」である。

この元暴力団幹部はＫの指示で、東証マザーズ上場のネット関連会社アイ・シー・エフ（以下、アイ社）の株を大量購入して筆頭株主となり、自ら実質経営するパチンコ情報提供会社・梁山泊《りょうざんぱく》のグループ企業と業務提携した。そして、実体のない取引を繰り返して売り上げに計上し、アイ社の業績が向上したように見せかけて株価高騰を演出し、高値で売り抜ける――という手口で約四十億円を荒稼ぎした。

この手法は「アイ・シー・エフ方式」と呼ばれ、後にライブドア事件をはじめ、さまざまな経済犯罪で応用されていく。

因《ちな》みに、このアイ社の監査役を務めていたのが、〇七年六月に在日本朝鮮人総聯合会（朝鮮総聯）中央本部の土地・建物をめぐる仮装売買事件で逮捕された元公安調査庁長官・緒方重威《おがたしげたけ》である。彼は広島高検検事長まで歴任した元大物検事だが、暴力団東声会の関連会社が所有する東京・六本木のビル転売をめぐって暗躍した事件師としても有名になった。

アイ社をしゃぶり尽くしたKら梁山泊グループは、次に大証ヘラクレス上場の情報通信サービス会社・ビーマップを標的とし、同じ手口で株価をつり上げ、ついに逮捕されたのだ。

Kはもともと京都市の同和団体代表の義弟として、大手消費者金融会社と組んで銃弾が飛び交う中、JR京都駅周辺の地上げを強行し巨額の利益を上げたほか、百五十六億円もの預金詐取をめぐり都銀と激闘を繰り広げ、元ライブドア役員・野口英昭《のぐちひであき》が沖縄で変死した事件にも絡んだと見られる人物だ。そんなコワモテが大株主として名を連ねていたのである。

また、第六位のジーマ一号投資組合も、東京・丸の内の「事件師たちの巣窟《そうくつ》と言われるビル」（警察幹部）に拠点を置く〝いかにも怪しげな組織〟。後述のオリンパス粉飾決算事件で名前が出た投資顧問会社社長・阪中彰夫の事務所や投資事業組合、山口組弘道会系組長に乗っ取られた企業の受け皿となった投資会社などが並ぶビルに同居していたからだ。

ほかに、都内のＪＲ三鷹《みたか》駅前の地上げや仙台市の温泉旅館乗っ取りで名を売り、〇七年に証券取引法違反（風説の流布）容疑で逮捕された大場武生、病院乗っ取り屋・安田グループを率いる安田浩進ら、名うての事件師たちもリキッド社の株主として参入していた。

新井将敬の遺産が……

やれＩＴだ、ベンチャービジネスだと言っても、確かに扱っているモノは最先端の情報通信技術かも知れないが、やっていることは所詮《しょせん》、証券取引であったり、Ｍ＆Ａ（企業の合併・買収）であったり……と昔ながらの経済行為そのものである。横文字にすると目新しく映るが、言ってみれば、株式の売買＝仕手戦であり、会社の乗っ取りにほかならないのである。

本書でこれまで取り上げてきた闇の紳士たちをはじめ、たとえば、「強盗慶太」と呼ばれた東急グループ総帥・五島慶太や、西武グループの首領・堤康次郎《つつみやすじろう》といった大物財界人たちも皆、多かれ少なかれ昔からやってきたことである。

そうした乗っ取り屋と仕手集団を足して二で割って、凄《すご》みや毒気を抜いて、小ぎれいにまとめれば、「ヒルズ族」に代表されるベンチャー起業家が誕生する。

いくら高学歴だろうが、頭のキレが鋭かろうが、経験と迫力に欠ける若者がマネーゲームに夢中になって、ふと気がつけば、闇社会の海千山千の連中に食いつかれ、生き血どころか骨の髄まで根こそぎ吸い取られてしまうのは、ある意味、当然の結果と言わざるを得まい。

こうした冷酷な論理は、何も闇社会に限ったことではない。

個人であろうが団体だろうが投資家であれば、目的はあくまでカネを稼ぐことであり、長期的な展望に立って、企業やビジネスを育てていく考えなどサラサラない。カネを儲《もう》けるためなら少々の無理でもやってのけるし、駄目ならさっさと切り捨てるのが投資家の性《さが》なのだ。

IT起業家三羽ガラスの一人・松島庸は二〇〇一年五月、自ら創業したクレイ社の社長を解任された。

筆頭株主の光通信社長で、松島が兄と慕っていた「ベンチャー起業家の雄」重田康《しげたやす》光《みつ》との内紛劇についてはここでは割愛するが、ITバブル崩壊で業績が悪化し、有効な対策を講じられなければ、いずれはそうなる運命にあった。

問題なのはクレイ社が調達した資金二百四十億円のうち、約百七十五億円が手つかずで残っていたことである。

「速やかに出資金を回収し、会社再建を図る」と称し、クレイ社乗っ取りを図った光通信をはじめ、カネの話を聞きつけた別のベンチャー起業家やさまざまな投資家グループ、企業舎弟ら闇社会の住人ら魑魅魍魎《ちみもうりょう》たちが、一斉に群がってきたのだ。

まず、重田とライバル関係にあった人物が代表を務めるＯＡ・電話機器販売会社グループが、クレイ社に手を差し伸べてきた。続いて、通産官僚ＯＢの村上世彰が村上ファンド設立前に率いていた投資会社がクレイ社に出資し、第三位の株主に躍り出たのだ。

闇社会も黙って見てはいない。解任される前の松島がクレイ社の一千株（時価六億円相当）を担保に二億円の融資を依頼した金融会社が、三千万円を渡しただけで株券を詐取して逃亡。その株券は金融業者ら何人もの手を経て光通信に持ち込まれたが、同社が買い取りを拒否したため、複数の暴力団やベンチャー企業のオーナーに流れたという。

この詐取された株券の流通ルートを辿《たど》って行くと、福岡県警が二〇〇〇年四月に摘発したエンジェルファンド事件のメンバーと重なり、そこには一九八五年六月に逮捕された「兜《かぶと》町の風雲児」中江《なかえ》滋樹《しげき》が率いる投資ジャーナル事件の残党たちが姿を現したのだ。

ところで、ITバブル時代に成功を収めた代表的な大物実業家がソフトバンクの孫《そん》正義《まさよし》とすれば、時代の寵児《ちょうじ》と言えるのが光通信の重田と、グッドウィル・グループの折口雅博《おりぐちまさひろ》であろう。

光通信自体も未公開株への投資事業など噂が多い会社だが、その投資先にはスキャンダル塗《まみ》れになった企業が多く、ある意味で重田は「ITバブルの寵児」ではなく、「ITバブルを引き起こした張本人」と言った方が相応《ふさわ》しいのかも知れない。

前出のクレイ社やアイ社、リキッド社、後述するライブドア社以外にもジャック・ホールディングス社（以下、ジャック社）をはじめ、多数の問題企業が投資先になっていた。

たとえば、ジャック社会長の渡邊登《わたなべのぼる》はバブル期の借金王、麻布建物・自動車グループの渡辺喜太郎に師事し、仕手戦を体験するなど相場師としての腕を磨いた。イ・アイ・イグループの高橋治則とも交流があり、危ない株取引を何度も行っている。そして印刷会社を買収して、アイ・シー・エフ方式で株価をつり上げ、高値で売り抜ける手法で売り上げを伸ばし、九九年分の長者番付で渡邊は納税額約十四億二千五百五十五万円で全国三位となっている。

　やがてバブル崩壊で業績は悪化、渡邊は業務上横領容疑で逮捕され、ジャック社が二〇〇五年九月にライブドア傘下に入り、ライブドアオートと社名を変更した矢先にライブドア事件が起きた。

　その渡邊について一つだけ言っておきたいのは、彼が九〇年代後半に自民党代議士の新井将敬《あらいしょうけい》が主催した異業種交流会「Ｂ＆Ｂの会」のメンバーだったことである。九八年二月の日興證券利益供与事件で新井が自殺を遂げた後、同じメンバーは「エス・ケイ・21総合研究所」を結成し、意欲あふれる若手実業家たちが次世代を担うべく研鑽《けんさん》と情報交換を重ねたという。その後、会は「日本ベンチャー協議会」と名前を変え、会員数も三百以上に増えたが、二〇〇八年三月に解散している。

　会の執行部には前述した光通信の重田、楽天の三木谷のほか、ＵＳＥＮ社長の宇野《うの》康秀《やすひで》ら新進気鋭のベンチャー起業家が顔を揃えており、バブル崩壊後の日本経済を支えた原動力となった組織と言えるかも知れない。

　このほか、九〇年代に東京・芝浦《しばうら》で巨大ディスコのジュリアナ東京、六本木でヴェルファーレを運営して脚光を浴び、その後もＩＴ関連事業、最後は介護サービス・コムスンの経営と幅広く活動した折口雅博率いるグッドウィル・グループもいる。

さらに、東京・渋谷の通信会社・平成電電、大阪市のIT関連会社・IXI、東京・港区のコンピューター機器製造会社・アドテックス、東京の不動産会社・ダイナシティ、大阪市のITベンチャー企業メディア・リンクス、大証ヘラクレス上場のシステム開発会社・プライムシステム……など、ITバブル崩壊で経営が破綻《はたん》したり闇社会の面々に食い込まれたベンチャー企業は枚挙に暇《いとま》がない。

まさに死屍《しし》累々の惨状である。

そして、それらの中で最も象徴的だったのが、後述するあの、ライブドア事件であった。

ヒルズ風株価つり上げの仕組み

富の象徴・六本木ヒルズに豪華なオフィスを構え、身の周りには有能なスタッフと美人秘書を侍《はべ》らせ、マスコミに登場しては滔々《とうとう》と持論を展開する……。そんな「現代の英雄」を気取ったライブドア社長のホリエモンこと堀江貴文は二〇〇六年一月、側近の役員・宮内亮治《みやうちりょうじ》ら三人とともに、東京地検特捜部に証券取引法違反（偽計取引、風説の流布）などの容疑で逮捕された。

テレビで六本木ヒルズへの家宅捜索シーンが報じられると、期待が大きかった若手実業家が多かっただけに、人々は失望感あふれる表情で画面に見入った。だが、特捜部が最も神経を遣い、秘密裏に捜索に当たった場所は、実は、〝不夜城〟と呼ばれる新宿・歌舞伎町の片隅に佇《たたず》む古ぼけたビルであった。

「ライブドア歌舞伎町データセンター」――ライブドア上層部がそう呼んでいる社の心臓部だ。即ち、ペーパーレス化が進むライブドア社内にあって、ビジネス上の重要文書から社員同士のメールまで、すべての情報・データが保存してあるサーバーがここにあり、それが消去されると捜査に支障をきたすため、真っ先に差し押さえたのである。

こうした電撃作戦が功を奏し、堀江ら上層部は軒並み証券取引法違反で起訴され、実刑判決が確定。ライブドアは上場廃止に追い込まれた。

得意の絶頂から一気に〝奈落《ならく》の底〟とも言える塀の内側への転落は、堀江ら当事者はもとより、彼らの知恵とパワーを密《ひそ》かに見守ってきた世の人々に衝撃を与えた。

バブル崩壊後、闇の紳士たちが正体を隠して行える投資事業組合の出資者となり、多額のマネーを稼いでいることは、既に述べた。

改正された暴対法を手に捜査・取り締まりを強化する司法・警察当局の網の目を潜《くぐ》

り抜け、賭博や麻薬密売、管理売春などの"危ない橋"を無理して渡らなくても、投資事業組合に出資するだけで、高い配当金がじゃぶじゃぶと入ってくるのだから、笑いが止まらないだろう。

投資事業組合、MSCB（転換社債型新株予約権付社債の一種）、タックスヘイブン（租税回避地）の〝三種の神器〟を駆使して荒稼ぎする手法をしっかりと確立したのがライブドアであり、世の注目を集めたのも当然であろう。

さて、東京地検特捜部が複雑怪奇な事件の糸を手繰り寄せる突破口にしたのは、ライブドアの子会社で、当時は東証マザーズに上場していたバリュークリックジャパン（後のライブドアマーケティング。以下、バリュー社）の活動実態であった。

バリュー社は米国のバリュー社の日本法人として設立されたネット広告会社で、ライブドアが〇四年三月、TOB（株式公開買い付け）で約三十七億円で手に入れた。

だが、当時のバリュー社は売上高八億円余、年間二千二百万円もの赤字（〇三年の純益）を計上する〝魅力のない会社〟であり、どこをどう拡大解釈しても、前途有望なIT企業が約三十七億円もかけて買収する価値などないはずである。

そんな超破格の買収資金をどうやって短期間で回収できるのか――という点に、事件の真相を解明する鍵《かぎ》が隠されていると、特捜部は睨《にら》んだのだ。

ライブドアが使った手口は複雑で非常に分かりにくいため、ここはきちんと丁寧に説明しておこう。いささか長くなるが、しばらくお付き合い頂きたい。

ライブドアが実質的に運営するＶＬＭＡ二号投資事業組合は〇四年六月、出版を主業務とするマネーライフ社を買収し、全株式を保有した。

そのマネーライフ社を同年十月、バリュー社が株式交換方式で買収すると発表し、その方式に則《のっと》ってバリュー社の千六百株がＶＬＭＡ投資事業組合に渡った。

翌十一月、バリュー社が株式を百分割すると発表すると、翌日から株価は連日のストップ高を記録。分割して二千二百円となった株価は一か月余り後には何と、三十七倍の八万千五百円の高値を付けるほど高騰した。

株式百分割で計算上は十六万株のバリュー株を保有したことになる件《くだん》の投資事業組合は〇五年二月、ライブドア関連会社の元役員で堀江の〝懐刀〟として知られた野口英昭が副社長を務めるエイチ・エス証券を通じて、タックスヘイブンの英領バージン諸島に設立された投資事業組合のエバートン・エクイティ（以下、エバートン）に全株式を譲渡し、エバートンは株式市場ですべて売却し、約八億円の売却益を得た。

その売却益は、エバートンからスイスのクレディ・スイス銀行の匿名口座に入金され、うち約七億円がライブドアに還流されていた。

ライブドアは〇五年一月と二月に、TOBで取得したバリュー社株合わせて三十三万株を市場で売却し、合計で四十七億円余の現金を得ている。

つまり、ライブドアはバリュー社の株価つり上げ戦術で、約三十七億円で買収した株を約五十四億円で売却し、わずか半年足らずの間に約十七億円を稼いだことになるわけだ。

こうした投資事業組合を間に挟んだM&Aによる錬金術は、バリュー社とマネーライフ社のほかに、東京地検特捜部が確認したライブドア本体の分だけで少なくとも、計五件あったことが分かっている。

いずれも、〇四年三月のバリュー社買収から十月のマネーライフ社買収までの間に集中していた。まず三月が①携帯電話販売会社のクラサワコミュニケーションズ（以下、クラサワ）、②ネット金融会社のウェッブキャッシング・ドットコム、③人材派遣会社のトライン、八月は④消費者金融会社のロイヤル信販、九月には⑤出会い系サイトを運営するキューズ・ネット——という五社を次々と買収した。

第一号となったクラサワとの買収交渉は、〇二年にライブドア関連会社からエイチ・エス証券に転じた野口がライブドア側代理人として担当した。野口の株式交換による買収提案に対し、クラサワ側が「現金による買収でなければ、話し合いのテーブルには着かない」と拒否したことから難航した。そのため野口が考案した新しいスキームが、前述した投資事業組合を介在させた株式交換方式による買収であった。

野口はライブドアが設立したＥＦＣ投資事業組合とエイチ・エス証券から出資を募り、Ｍ＆Ａチャレンジャー一号投資事業組合（以下、Ｍ＆Ａ事業組合）を設立。クラサワが株式交換方式でライブドアから受け取った、同社の新株をＭ＆Ａ事業組合に売却することで、クラサワは現金を手にすることができるし、ライブドアは株式交換方式でクラサワを買収できる——という一石二鳥の戦術を編み出したのだ。

ライブドアはクラサワを株式交換方式で買収し子会社化することに加え、株式を百分割することを発表。分割して二千二百二十円となったライブドアの株価は十五日間連続してストップ高となり、二十日後には八・一倍の一万八千二十円を記録した。

ライブドア株を株価が高値になる機会を見計らって市場で売り抜けたＭ＆Ａ事業組合は、売却益をスイスのクレディ・スイス銀行の匿名口座や仮名口座に裏金としてプール。その後、Ｍ＆Ａ事業組合から配当金名目でライブドア系列のライブドアファイナンスに還流させ、同社はそのカネを広告制作料名目でライブドア本体に付け替えたのである。

これら六件の企業買収で還流させた売却益は合計八十億円に上り、大半は粉飾決算（赤字補塡《ほてん》）用に使われた。株券を右から左に動かしただけで、まんまと大金をせしめたライブドアであったが、バリュー社の株価をつり上げるため偽情報を流したことや、売却益を粉飾決算に利用したことで、堀江らは逮捕・起訴されたのだから、自業自得だろう。

錬金術三点セットの秘密

投資事業組合に株式交換、株式分割の三点セットを駆使したライブドア流錬金術は前述したように、野口が編み出したものであった。それにしてもなぜ、この方法を採れば株価が急騰して、大金を得ることができるのか。

まず、投資事業組合の匿名性を活用した点が、錬金術を成功させた最大の理由だろう。この事業組合は民法上、地域や職場のサークル活動の集まりや学校の同窓会と同じ「任意団体」に当たり、登録や届け出の義務はなく、出資者名や資産運用の実態を情報公開する必要もない。

そんな曖昧《あいまい》な団体が株式市場に登場したのは、一九九六年の金融ビッグバン宣言による影響と見られている。日本の企業は、それまで経営の安定化や乗っ取り防止策のため、同じ系列の企業同士やメインバンクと呼ばれる金融機関との間で株式を相互に持ち合ってきた。ところが、日本の企業がバブル崩壊後の不況から脱せられない原因が、この株式相互持合いの慣習に安住した独特の経営体質にあるとの批判が高まってきた。

当時の政財官界が盛んに「規制緩和だ」「構造改革だ」と声を上げ、旗を振っていたことも後押しし、株式持合いは一気に解消に向かったが、その際、金融機関が放出した大量の株式の受け皿となったのが、機関投資家らが結成した投資事業組合なのである。

翌九七年の独占禁止法改正で持ち株会社が解禁され、さらに米国の圧力を受けて、Ｍ＆Ａを円滑に行えるようにするための制度整備が進んだ。株主の利益や権利を最優先する米国流マネーゲーム型経済路線を選択することが、日本経済の復活に繋《つな》がるという考え方が蔓延《まんえん》し、事業組合がＭ＆Ａに利用されるようになった。修羅への道の第一歩である。

その尖兵《せんぺい》となったのがＩＴ起業家を中心とするベンチャー企業であり、ＩＴバブル崩壊で彼らの大半が表舞台から姿を消すと、機関投資家らはＭ＆Ａを専門とする投資ファンドなどに資金を提供するようになった。その際、資金提供者の正体がバレないように投資事業組合を利用したのである。何より、出資者を集めやすい利点がある。

そうは言っても当初、事業組合をM&Aに利用したのは、ほとんどが外資系金融機関であり、「ハゲタカファンド」などと呼ばれて、すっかり有名になった海外に活動拠点を置く投資ファンドであった。彼らは英領のバージン諸島やケイマン諸島などタックスヘイブンに複数の投資事業組合を設立、迂回《うかい》させることで出資者を隠すように工夫した。

野口はおそらく香港の外資系金融機関との交流を通じて、そうした手法を学び、活用したと見られるが、今や闇の紳士たちの常套《じょうとう》手段と化していると言えよう。

次に株式交換によるM&Aだが、巨額な買収資金を必要としないことから欧米では主流となっており、これもライブドアがいち早く採用した方式と言っていいだろう。

現金がなくても株式交換するだけで次々と買収できるし、投資事業組合を嚙《か》ませ株式交換で買収すると、同時に自社株を売り抜ける好機を得られ、二重の利得がある。

三番目の株式分割とは、一株を細分化して株式発行数を増加させることを指す。

本来なら高額紙幣の両替と一緒で、株式をいくら分割しても企業価値に何ら変わりはないはずだ。それが株式を分割するだけで株価が高騰する理由はこうである。

新たに発行される株券を印刷するのに約五十日かかり、その間に新株を売買できないため空売りが行われる。その際、百分の一の資金で買えるから株を大量に買い占めることで、株価は一気に上昇する。分割率が大きいほど需給のバランスが崩れ、株価は高騰するわけだ。大半のＩＴ企業が活用したが、大型分割を錬金術として確立したのはライブドアである。

ライブドアを率いた堀江は一九七二年十月、福岡県八女《やめ》市で生まれた。共働き夫婦の一人息子だが、家庭不和が原因で孤独な少年時代を送り、約二十キロ離れた進学校まで自転車通学していた。

現役で東京大学文学部に入学し、在学中の九六年四月にホームページ制作会社オン・ザ・エッヂ（ライブドアの前身）を設立、二〇〇〇年四月には東証マザーズに上場した。

堀江は、高校時代の先輩にソフトバンク社長の孫正義がいて、彼の若い頃からの活躍ぶりを目の当たりにしていた。また、孫の弟でガンホー・オンライン・エンターテイメント会長の孫泰蔵《たいぞう》が同級生だったこともあって、常に孫正義を目標に生きてきたという。

ＩＴバブル崩壊などで再三にわたり経営危機を迎えながら、ほかのＩＴ起業家たちとは違って、最終的に逮捕されるまでは破綻《はたん》したり追放されずに済んだのは、優秀な役員に囲まれていたからであった。

中でも商業高校卒で税理士の資格を取った苦労人の宮内亮治と、彼が国際証券（現・三菱ＵＦＪモルガン・スタンレー証券）からスカウトした敏腕証券マンの野口という二人がいなければ、前述した巧妙な資金調達システムは完成しなかったし、ライブドアの素早い上場もなければ、後の繁栄もあり得なかっただろう。

野口は明治大学政経学部を卒業後、国際証券でベンチャー企業の上場支援を担当。宮内に誘われ移籍したオン・ザ・エッヂの上場を果たすと、その資金で投資会社キャピタリスタ（社名変更の末、現在は消滅）を設立し、代表取締役としてＭ＆Ａにのめり込んだ。

彼は堀江と折り合いが悪く、〇二年にエイチ・エス証券に転じるが、その後もライブドアと繋がりを持ち、投資事業組合の設立や資金還流システムの構築を主導したのは、Ｍ＆Ａへの執着と、宮内との良好な関係が続いていたからに他ならない。

その野口がライブドアに強制捜査が入った二日後の〇六年一月十八日、六本木ヒルズから約千五百五十キロも離れた沖縄の地で変死体として発見されたのである。

沖縄のホテルで〝切腹〟した男

その日午後二時半頃、那覇市の繁華街・国際通りに面したホテル「カプセルイン沖縄」三階の一室で、エイチ・エス証券副社長の野口英昭は首や腹を切り裂かれ、内臓がはみ出した状態でベッドの上で発見された。救急車で近くの病院に搬送されたが、間もなく出血多量で死亡した。

凶器となった刃渡り十一センチの包丁は血まみれのまま、野口の足元に放り出してあった。

野口は当時、ライブドア関連会社役員にして堀江貴文の「懐刀」として数々の錬金術を編み出してきた頭脳と経験、さらにライブドアが集めた巨額なカネの行方を知る「金庫番」としての情報と人脈が注目され、ライブドア事件を解明するうえで最大のキーマンと見られていた。

しかし、沖縄県警は早々に自殺と断定し、遺体の司法解剖さえ行わずに、翌十九日には現場にあった遺留品を遺族に返還するなど事実上、捜査を打ち切っている。

その根拠として、県警は①遺体の傷はすべて自分で付けることが可能なものばかりで、左手首や喉《のど》に自殺者特有のためらい傷が見られる。②野口が亡くなる前、ホテル近くの薬局で睡眠導入剤一箱を購入し、十二錠すべてを飲んでいる。③ホテルの部屋には内鍵《うちかぎ》がかかり、扉の内側には重さ十五キロの箱型ロッカーを立てかけてあり、外部からの侵入は不可能である――などの点を挙げて、自殺に断定したという。

確かに、野口の死体検案書には《遺体の左右頸部《けいぶ》（喉）に幅二〜五センチの切創が計四か所、左上肢（手首）に幅五センチの切創が一か所、腹部には幅十二センチ、深さ八センチの刺切創があった。死因は腹部刺切創により大動脈損傷（破裂）による失血》とある。

しかし、遺体の状況を見ても、①手首や喉の切創は刃物を深々と刺してから横に引いており、ためらい傷にしては傷口が大きすぎる。②睡眠導入剤十二錠をすべて飲めば意識が混濁してしまい、刃物が背中まで貫通するほど強く突き立てて〝切腹〟したうえで、その包丁を自分で抜き取って、足元に置くことは極めて難しい――という不審な点が出てくる。

さらに、③野口は自ら非常ブザーを押して助けを求めるなど、自殺者の行動としては不自然な点が多い。④部屋はオートロック式で、犯人が外に出れば、自動的に「密室」になる。扉は外開きで、ロッカーは出入りの妨げにならない――などから、直ちに自殺と断定するには無理がある〝お粗末過ぎる捜査〟と言えた。

第一、野口には自殺する理由が全くなかった。

約一年前に新築したマイホームに妻子三人と暮らしていたが、家庭は円満だし、深刻な持病もなければ、子供の教育上の問題もなかった。資産関係は住宅ローンの借金こそあるが、株式売買で数億円の利益を上げており、十分に余裕がある。

ライブドア事件のキーマンと言っても、今さら逃げも隠れもしようがないし、「特捜部はすぐに逮捕するとか、事情聴取する予定はなかった」（捜査関係者）という。それに亡くなる前夜、本人が会社から夫人に「捜索が終わったから、今から帰るよ」と電話したのが最後の会話で、遺書もないなど、自殺を裏付ける物証や状況証拠さえ何もなかったのである。

また、後述するようなビジネス上の問題は抱えていたが、自殺する必要は全くないし、自殺に追い込まれるような状況でもなかったという。

それどころか、野口は突然、当日早朝の飛行機で東京・羽田《はねだ》から沖縄入りし、ホテルにチェックインしたばかりで、搭乗・宿泊名簿には別々の偽名を使っていた。そして、ほとんど手ぶらで沖縄入りしたため、正午前にホテルから三十分間外出し、旅行や宿泊に必要な品々を買ったことが確認されているが、そんな買い物をした人間が果たして、自殺などするだろうか。さらに、肝心の包丁の入手先だけが特定されていないのだ。

しかも、県警は何と、包丁の指紋を採取していなかったのだ。これでは凶器を第三者が持ち込んだ可能性を否定できないことになり、県警の〝考えられない大失態〟と言わざるを得ない。むしろ、ここまでズサンな捜査だと「何か意図するものがあるのではないか」（野口の友人）と疑われても仕方あるまい。

現に、こんな不可解な事実がある。

それは、血染めのサッカーシャツが、ホテルのベッドの下に落ちていたことだ。白くテラテラした布地に黄色と黒色の縦縞《たてじま》模様が入ったシャツで、野口夫人は「血が大量に付着していたし、主人が絶対に着ないような服だったので」と、一度は遺留品としての受け取りを拒否している。

これがもし野口の着衣だとすれば、彼はシャツを着て首を切った後でわざわざシャツを脱いでから〝切腹〟したことになり、いかにも不自然だろう。仮に第三者のシャツとすれば、犯人が脱ぎ捨てていった可能性が極めて高いことになる。

そこで夫人は同年二月十四日、沖縄県警那覇署を訪れ、「もう一度シャツを見せて欲しい」と要請したところ、刑事から「女の人が来て、持って帰りましたよ。奥さんじゃないんですか」と言われ、夫人がいくら「受け取っていない」と主張しても、聞き入れてくれなかったという。

これについて、民主党衆院議員の原口一博《はらぐちかずひろ》が同年三月一日の衆院予算委員会で質問したところ、警察庁刑事局長の縄田修《なわたおさむ》は「サッカーシャツを含めた衣類などをご遺族に確認頂いたうえで返還した、と県警から報告を受けている」と答弁した。

夫人が野口のスーツなどを受け取った際に署名捺印《なついん》した「死体並びに所持金品引取書」のコピーがその場で提示されたが、《サッカーシャツ》の文字だけがほかの金品のようにワープロ打ちされておらず、署名欄の下に手書きされていた。

「これでは後で書き足した可能性がある。証拠にならない」

そう原口が追及すると、警察庁側も認めたという。

野口はなぜ、沖縄に向かったのか。

本来なら野口はこの日、エイチ・エス証券社長の澤田秀雄《さわだひでお》に同行して熊本県に出張する予定だった。自分の能力を高く評価し、副社長のポストを用意して迎え入れてくれた大恩人と、彼のたっての頼みで引き受けた重要なビジネスを放り出してまで、沖縄に行かなければならなかったとすれば、相当に重要な目的があったか、沖縄に向かわざるを得ないような何らかの事情が存在した、と考えるのが合理的だ。

沖縄県警の捜査は当てになりそうもないが、実はライブドア事件自体と堀江、野口ら関係者の行動について、警視庁公安部が密《ひそ》かに捜査していたことが分かっている。そして彼らの捜査報告書を見ると、非常に興味深い新事実が浮かび上がってくる。

野口が所持していた航空券やレシート類から彼が一月十八日午前五時四十七分にJR東京駅八重洲《やえす》口からタクシーで羽田空港に向かい、同八時五分発全日空機一二一便に《ニシムラノボル》名義で搭乗、同十時四十八分に那覇空港に到着したことが分かっている。

ところが、那覇空港からホテルまでの足取りが不明のままなのである。午前十一時二十一分というホテルのチェックインタイムや、空港と那覇市の中心街を結ぶ沖縄都市モノレールの時刻表などから検討すると、空港から車で移動する以外は考えられない。だが、野口の所持品からは那覇空港からのタクシーの領収書が見つからず、また彼らしき人物を乗せたタクシーも出てこない。

そこで那覇空港の監視カメラを調べたところ、《野口らしき男が二人の男と一緒に到着ゲートから出てきた》姿や、《野口は手荷物受取所付近で、ロビーで待機していた別の男二人と合流し、互いに知り合いのように話していた》、《野口が四人の男たちに囲まれるように立っている》という三カットの映像が映っていたという。

また、警視庁公安部が羽田空港の出発ロビーにある監視カメラの録画を解析した結果、《野口が三〇～四〇代の体格のいい男二人と歩いている》シーンがあった。

さらに野口の所持品の中にあった航空券（半券）の印字から、別の誰かがインターネットで購入したことが判明。《ニシムラ》は野口の中・高校時代の同級生の名前であり、彼が沖縄のＩＴ特区関連事業に絡むビジネスで使っていた「通り名」であることも分かった。

「那覇にいた男の一人が広域暴力団の幹部と確認できた。野口氏を支援する側と見られ、何かのトラブルで急に沖縄逃亡を図った彼を助けるため、羽田で合流したのではないか」

公安関係者はそう分析し、闇社会で激しい利権争いが行われていた可能性を示唆した。ライブドアへの強制捜査直後、野口はなぜ沖縄に行き、その地で死ななければならなかったのか。それを突き止めない限り、事件の解明などあり得ない。

キーマン周辺で蠢く黒い軍団

野口怪死の謎を解く鍵は、那覇市から西南にさらに千四百キロも離れた国際金融都市・香港にあった。

投資事業組合に株式交換、株式分割の三点セットを駆使し、巨額のマネーをライブドアに還流させるスキームを構築した野口は、盟友の宮内に「誰が株を売り、どこで現金に換えているかを分かりにくくするため、間に香港を入れよう」と提案した。

実際、株式を香港の証券会社を通じて市場で売却し、その利益を香港の銀行に開設したペーパーカンパニー（PC）の口座に裏金としてプールし、自由に運用するようになったという。

そして、彼自身が友人の投資顧問会社社長・大西洋とともに、香港の一等地に建つ東亜銀行所有のインテリジェントビル内に「パシフィック・スマート・インベストメント（PSI）」社を設立。宮内が同じビルに設立した「パイオニア・トップ・インベストメント（PTI）」社とともに、投資事業組合の利益をマネーロンダリングしたり、裏金としてプールするなど、主要なPCとして活用していた。

海外の銀行口座に預金を積んだり、タックスヘイブンに投資目的のファンドを置いて資産を運用する金満家は今や、世界の主流と言っていいほど数多く存在する。

ライブドア事件では、クレディ・スイス銀行香港法人のプライベートバンカー（PB）が宮内らの要望に応《こた》えるため、銀行・証券口座付きのPCを多数用意した。そこが作ったファンドが日本企業の株式を大量に買い集めたとしても、名義人を香港人にしておけば、正体はまず分からない。

また、中米カリブ海に浮かぶタックスヘイブン・英領バージン諸島に別の投資ファンドを設立して、巧妙にカネのやり取りを行えば、法人税率実質ゼロ、売却益課税なしのうえ、マネーロンダリングもできるから重宝するわけだ。

そんなクレディ・スイス銀行香港法人でPB部門を担当する日本人幹部と、かつて同部門に勤め、現在は都内で投資顧問会社を営む日本人社長の二人が、ライブドア事件の陰に潜む〝別の主役〟であった。

因《ちな》みに、このPB幹部は二〇〇五年に発覚した全国小売酒販組合中央会の年金詐取事件にも関与したとされる人物だが、野口が資金還流スキームを考案した際に助言を行って、儲《もう》けたカネを運用する具体的なノウハウを確立したのは、このPB幹部ら二人であった。

PB幹部はモルガン・スタンレー証券の日本法人出身で、外資系金融機関を経て、クレディ・スイス銀行に入行。ジュネーブ本社に勤務していた〇二年、前述した全国小売酒販組合中央会の年金共済基金約百四十四億円を預かって運用する信託契約を結び、融資先が破綻《はたん》してほぼ全額を焦げつかせ、同中央会の責任役員らが背任・横領で逮捕される事態を引き起こしていた。その後、彼は香港法人PB部門に移籍し、「日本チーム」に加わったのだ。

この「日本チーム」はタックスヘイブンにPCを設立し、香港の借名口座を使って数々の脱税指南やマネーロンダリングを行ってきた。

チームスタッフとしては、〇三年に摘発された山口組系五菱会の「ヤミ金の帝王」と呼ばれた幹部らによる約九十四億円マネーロンダリング事件に関わったとして起訴されたが、無罪判決を勝ち取ったという男をはじめ、海千山千の〝危ないメンバー〟が多数出入りし、顧客の方も海外を舞台にアングラマネーを駆使したビジネスを展開する闇の紳士たちが絶えることなく訪れ、彼らのニーズに応えることが香港のPBの仕事となっていた。

一方、日本人社長は東京大学を卒業後、大手証券会社で国際PB業務に携わり、クレディ・スイス銀行など外資系銀行を経て独立した。六本木ヒルズ近くに事務所を構え、各種コンサルタント業務を行っていたが、現実にはクレディ・スイス銀行PB部門の〝東京支店〟というのが実態で、宮内の信頼を得て、英領バージン諸島にエバートンなどのPCを次々と設立、香港の銀行借名口座を使って最大で二百億円の裏金をプールしていた。

そのＰＢ幹部の周辺にいる、ヤミ金融グループの残党と見られる別のＰＢが、野口の身をつけ狙っているとの情報が闇社会で流れ、その背後には山口組系の企業舎弟、さらにクレディ・スイス関係者の名前が取り沙汰《ざた》されていた。

しかも、裏金プールの実態や闇社会の人脈に詳しい野口の口封じといった単純な話ではなく、ライブドアが東京・渋谷の人材派遣会社トラインを買収した際に得た資金のうち、約一億六千六百万円の使途不明金の存在が発覚した。

そのカネの行方を辿《たど》って行くと、ＰＴＩ社へ送金した事実から宮内対堀江というライブドア内部の権力闘争や、ＰＳＩ社への送金から野口の独立問題など、新しいトラブルが浮上してきたのである。

さらに韓国ネット企業の株売却益二十六億円をはじめ、別に数十億円もの使途不明金があることが判明。〇五年のニッポン放送株をめぐるライブドアとフジテレビジョンとの争奪戦をきっかけに、堀江と仲違《なかたが》いした宮内がライブドアの最高権力者の地位を奪取するとともに、早くも〝沈み行く船〟の兆候を見せ始めたライブドアに見切りをつけ、分離・独立するための資金集めに奔走していたのではないかという疑惑が生じてきたのだ。

野口の独立問題はこうした宮内の動きとは連動しておらず、全く別の話だという。

以前から堀江とはソリが合わなかった野口だが、盟友だった宮内がニッポン放送株争奪戦を境に人が変わったように傲慢《ごうまん》になり、暴走を始めたことで、野口は彼とも距離を置き始めた。野口はライブドアとクレディ・スイスの強引なやり方と、闇社会に食いつかれた実態にすっかり嫌気が差していたのだ。

そのため、かねて少しずつ提携を強めていた華僑《かきょう》系金融機関・東亜銀行をはじめとする香港の金融勢力の資金と人脈をバックに、ライブドアで培ったノウハウを駆使して、新しいビジネスをスタートさせようとしたフシが窺《うかが》われる。これがライブドアを食い物にしようとしていた山口組系企業舎弟をはじめ、闇社会の面々の逆鱗《げきりん》に触れたというわけである。

こうした恨み妬《ねた》み、そして口封じだけが犯行動機になるとは限らない。

野口はライブドアが隠匿していた数億円から十数億円の裏金を、自らの「報酬」として手に入れたという見方がある。そこに香港資本のマネーを加えると、莫大《ばくだい》な資金力を有することになり、それを狙って新しい魑魅魍魎《ちみもうりよう》たちが大挙して押し寄せ、争奪戦を繰り広げていたという。前述した梁山泊グループによる株価操作事件などで名を馳《は》せたKもその一人で、那覇空港に野口を迎えに行こうとして、反対勢力の妨害で断念したと言われている。

そうした暗闘が拗《こじ》れて、野口の命を奪ったという説はなかなか説得力がある。

さらに、野口が保管していた投資事業組合の出資者名簿が行方不明になり、野口が持ち去ったと見て、その名簿に名を連ねる暴力団組長ら闇の紳士たちをはじめ、名簿に登載された政財界の大物ら「正体がバレるのを恐れた面々」（捜査員）の依頼を受けた暴力団員たちが野口の追跡に入り、殺害に及んだとの見方もある。

また、「闇社会の金融王」とか「史上最強の企業舎弟」と言われ、私募CB（下方修正条項付転換社債・後のMSCB）を駆使した〝禁断の錬金術〟が売り物だった大物の企業舎弟が、野口の持つ「香港コネクション」と呼ばれる人脈とその巨大な利権を横取りするため、配下の「市場のハイエナ」軍団を率いて乗り込んできたとの情報もあった。

「何しろ、野口を取り巻く香港系華僑と、かつて〝環太平洋のリゾート王〟と呼ばれ復活途上で急死した高橋治則の流れをくむ台湾系華僑、高橋復活を聞いて集まってきたアジア諸国の資産家らを糾合すれば、瞬く間に数千億円の資金が集まり、それぞれの幅広い人脈とそれらを結んだネットワークを考えれば、どんなビッグビジネスでも不可能なことはないから、さすがの〝金融王〟も目の色が変わっていた」（山口組系企業舎弟）

だが、香港資本が山口組以外の勢力と組み、大きなビジネスに乗り出そうとしていることに危惧《きぐ》を抱いた山口組上層部が、野口や彼を支える一派を敵対組織と見なし、暗殺部隊を送り込んだため、野口の周囲にいた「味方」は一斉に姿を消してしまったという。

ほかにもさまざまな説が囁《ささや》かれており、野口の死が「殺人」だとすれば、彼が殺される理由はたくさんあったことになる。

野口怪死事件の真相を追及することが本書の狙いではないから、この辺で筆をおくことにする。詳細は拙著『未解決――封印された五つの捜査報告』(新潮文庫)をお読み頂きたいが、この事件に関して明確に言えるのは、ここに書いた部分だけでも非常に多くの暴力団や闇の紳士たちが野口の周囲には蠢《うごめ》いていた――ということである。

投資顧問が集めた年金の行方

二〇一二年春、お年寄りの暮らしを支える〝虎の子のおカネ〟とも言える年金資金を騙《だま》し取り、一千億円以上も消失させるという衝撃的な事件が明るみに出た。

警視庁は同年六月、東京・日本橋にオフィスを構えるＡＩＪ投資顧問(以下、ＡＩ

Ｊ）社長の浅川和彦ら四人を詐欺容疑で逮捕した。
浅川は九年間で七十四の厚生年金基金から千四百五十八億円を預かり、うち千九十二億円を消失させたとして、同年三月から四月にかけて衆参両院の財務金融委員会の参考人招致や証人喚問を受けたが、どんなに追及されても「数字はゴマかしたが、客は騙していない」などと〝不誠実な答弁〟を連発した。

また、ＳＥＳＣ（証券取引等監視委員会）の事情聴取に対しても、「いつか当たると思って（投資を）やっていた。もう百億円あれば、何とか巻き返せていたのに」と言い訳にもならない供述に終始し、全く反省の色を見せなかった。

はっきり言って、ＡＩＪの資産運用に関する報告はウソだらけであった。

たとえば、ＡＩＪが関東財務局に提出した業務報告書に、二〇一〇年末時点の運用資産は三千九百二億円と記載されていた。が、ＳＥＳＣの調査で、そこには架空の運用益が山ほど含まれており、実際は千四百五十八億円で、しかも、大半が消失し、残高は最大で八十一億円しかなかったことが分かったのだ。

「金融庁は職員不足を理由におざなりなチェックしかしないし、厚生労働省などは多くのＯＢが基金側に天下りし、指導・監督どころか、ど素人が運用に口を出して、その信用と人脈を悪徳業者にまんまと利用される始末。もはや政府ぐるみの犯罪だよ」

金融関係者は、そう言って憤りを隠さない。

厚労省によると、一二年三月時点で全国五百八十一の厚生年金基金の六三パーセントに当たる三百六十六基金に七百二十一人の国家公務員OBが天下りし、うち厚労省・旧社会保険庁OBが三百五十九基金、六百八十九人も占めていた。資産運用担当は四百二人いたが、九割以上はファイナンシャル・プランナーや証券アナリストなど資産運用関係の資格は持っておらず、また、マネーの運用業務に就いた経験がほとんどなかったため、詐欺師の〝いいカモ〟になっていた。

こうした実態は国民年金基金ではさらにひどくなり、全国七十二の国民年金基金の八七・五パーセントに当たる六十三基金で、厚労省・旧社保庁OB百五十九人が天下っていたことが、同省の調査で判明している。

浅川は一九七五年に横浜市立大学を卒業して野村證券に入社。名古屋・金山《かなやま》支店を出発点に、猛烈な営業マンぶりでたちまち頭角を現し、十年後には京都駅前支店長に就任した。さらに本社法人三部次長、熊本支店長と順調に役員コースを進んだが、九四年に突然、「大金を動かす仕事をしたい」と退社している。

「凄腕《すごうで》の営業マン」ぶりが評価されて、野村證券の元外国債券部長が顧問を務め、OBが数多く在籍する外資系のペイン・ウェーバー（以下、ペイン）証券東京支店に、異例とも言える二千万円の支度金をもらって入社した。

わずか二年でそこから野村系中堅証券会社に引き抜かれた浅川は、後にＡＩＪの資金管理を担当し「女帝」と呼ばれた女性役員をペインから引き連れ、香港に個人事務所を設立するなどやりたい放題の末、二〇〇〇年にＡＩＪの前身の資産運用会社を買収して独立した。

彼は〇二年、旧山一證券出身者で成るアイティーエム証券（以下、ＩＴＭ）を社員ごと買収し、強力な営業部隊を手に入れた。次に野村證券で高卒ながら常務まで上りつめた「伝説の証券マン」を運用担当役員に招聘《しょうへい》した。さらに、旧社保庁で年金担当だったＯＢに多額の報酬を払ってコンサルタント契約を結び、各地の厚生年金基金との仲介役を依頼した。

これらの積極策が功を奏し、資金集めは順調だったが、肝心の資金運用が長引く不況に加え、元常務が病気で入退院を繰り返したこともあって、うまく行かなかった。そこで浅川は集めた資金を流用して、見せ掛けの運用実績を作ったり、運用失敗を告げる報告書を改ざんするなど暴走を始めた。そして最後の方は、解約申し込みの殺到に対応するため、集めたカネを解約した顧客への払戻金に充てる自転車操業となっていったと見られる。

問題はカネの流れである。

SECのこれまでの調査で、AIJは各年金基金と投資一任契約を結び、集めたカネはITMを通じ、タックスヘイブンである英領ケイマン諸島のファンドに集めていたことが分かっている。そこに設定した私募投資信託を通じて、さまざまな取引に注ぎ込んだと見られるが、詳細ははっきりしない。

また、浅川は密《ひそ》かに自ら一〇〇パーセント出資して、AIJの関連会社エイム・インベストメント・アドバイザーズ（AIA）を英領バージン諸島に設立。香港の投資信託銀行にAIA名義の口座を開設し、集めた年金資金の一部を同行に送金して、その口座を通じて伝統的なデリバティブ取引などに充て、見せ掛けの運用実績を捏造《ねつぞう》していたのだ。

「流用分は全部で七百億円は下るまいと見ている。浅川は終盤は払戻金の調達を諦《あきら》めて一時的に投資事業組合に隠蔽《いんぺい》し、自分の資産作りに回していたフシが窺《うかが》われる。各国の金融当局の協力を得て少しずつ調べていくと、ケイマン諸島の私募投資信託の先に、実は十二か所のファンドが連なり、そこからAIJが同じタックスヘイブンの英領バージン諸島に、AIJが密かに設立したPCに融資する形で多額のカネが流れていることが分かったんだ」

と捜査関係者。こうも語る。

「そのＰＣからバミューダの信託銀行や香港のＨＳＢＣ銀行にカネが流れているのは確かなのだが、その間に多数のＰＣが挟んであり、マネーロンダリングしながら、カネがいつの間にかどこかに吸い込まれ、消えていく仕組みになっている。複雑すぎるうえ、奥が深すぎて金融のプロでもなかなか作れない仕組みだ」

ＡＩＪとオリンパスの共通点

ここまで見てきて、こうした仕組みが前述したような、闇の紳士たちが好んで使う裏金作りのシステムとよく似ていることが分かる。ただ、ＡＩＪが採った資金還流システムには暴力団や企業舎弟などが全く顔を出さず、どちらかと言えば、従来は暴力団に脅されたり苛《いじ》められたりする被害者側の人間――即ち、野村證券ＯＢを中心とした金融マンや証券マンなど――が主流を占めていた。

いくら金融・証券のプロとはいえ、犯罪的行為や裏工作などの素人がやれ「ペーパーカンパニー」だの「投資事業組合」だの、「マネーロンダリング」だの……と〝危ない経済用語〟を駆使して、裏金作りに励んでいるのだから、想像するだけで恐ろしくなってくる。

もはや、闇社会という概念を根本的に見直さなければならないようである。

二〇一二年の経済ニュースの中で、同じような経済用語を数多く耳にしたのが、大手光学機器メーカー・オリンパスの粉飾決算事件であろう。

バブル崩壊後、財テク失敗で巨額の損失を出したオリンパスは、浅川と同じ野村證券出身の四人組と呼ばれた金融・証券マンたちの協力を得て、合計で一千億円以上の粉飾決算を行った。その内訳は①〇八年に英国医療機器メーカーを買収した際、四人組の一人である投資アドバイザー代表（仮にAと呼ぶ）に支払ったとする手数料約六百六十億円、②〇六～〇八年にリサイクル会社など三社を買収した代金と称する約七百三十億円であった。

つまり、実際に全額を支払ったわけではなく、間に入った四人組らに報酬分と実際に掛かる買収金額（かなり安い金額）だけを支払い、後は支払ったことにしてオリンパス側に還流させ、穴埋めに使ったのである。

Aは一九七四年に野村證券に入社したが、一年後輩に浅川がいたという。しかも、Aがペイン証券で副支店長を務めていた時、同社顧問の名を借りて浅川を野村證券から引き抜いており、追加分を合わせ五千万円ともされる破格の支度金はAが用意したものと言われている。

この時、既にＡは独立を考え、後にＡＩＪが実行する年金資金を吸い上げるビジネスについて、Ａと浅川が話し合っていたとの情報もある。

②の三社買収を指南したコンサルタント会社社長（仮にＢと呼ぶ）も四人組の一人だ。彼は関西のバス会社社長の息子で、七八年に京都大学経済学部を卒業して野村證券に入社した。花形の事業法人部門のエースとして活躍し、新宿ビル支店長などを歴任し、「初の四〇代役員誕生か」と期待されたが、九八年六月に「実業家になりたいので」とさっさと独立してしまったという、なかなかの野心家でもある。

Ｂは野村時代、財テク失敗で窮地に陥っていたオリンパス財務担当役員（後にオリンパス粉飾決算事件で逮捕された会長）の菊川剛《きくかわつよし》を何度か助けたことから信用を勝ち取り、菊川のＭ＆Ａ戦略の最前線部隊長を名乗り、前述した三社をはじめ〝怪しげなベンチャー企業〟を山ほど売りつけて、荒稼ぎしていた。

Ｂの会社には、Ｂの野村香港時代の部下で海外投資に強い東京大学工学部卒の男ら二人が参加。医療機器メーカーを買収した前出のＡを加え一時は「野村ＯＢ四人組」と呼ばれて脚光を浴びたが、後には「オリンパスに食いつくピラニア軍団」とも言われ、全員が逮捕されている。

そもそもオリンパスの財テク失敗の原因を作ったのが、野村證券でオリンパス担当だった男（仮にCと呼ぶ）だ。信託取引で百億円余りの損害を出したオリンパスに対して、英領ケイマン諸島のPCを使った損失先送りのスキームを編み出したのもCであった。

その方法とはまず、ケイマン諸島に設立したPCに、野村證券が運用失敗で作った不良債権を買い取らせる。その買い取り資金は、オリンパスが香港に新設した子会社が、PCの社債を買い取る形で作る。そして、ケイマン諸島に残った不良債権を二十〜三十年かけて償却していく〝飛ばし作戦〟だった。

ライブドア事件やAIJ事件で見られた手口とよく似たやり方で、オリンパスの業績が向上すれば、大成功に終わったのだが、景気の低迷やその後のオリンパスのM&A戦略も失敗続きだったため、粉飾決算事件に繋《つな》がることになる。その意味ではオリンパス粉飾決算事件の立役者の一人ともいえるCを入れて「五人組」と呼ぶ社員もいるほどだという。

因《ちな》みに、CとAは野村の同期入社で、Cは後にオリンパスの社外取締役に納まったが、二〇一二年四月に退任している。

このようにAIJ、オリンパス両事件は、野村證券OBを中心に同じような金融・

証券マンの姿がチラチラしているが、実は、背後で蠢《うごめ》く魑魅魍魎《ちみもうりょう》にも共通点があったのだ。闇社会との繋がりである。

「黒い目の外資」の陰で……


これまでマネーをキーワードにして、闇社会の変遷を検証してきた。

縄張りをかけて力と面子《メンツ》がぶつかりあった抗争（ドンパチ）時代から東の石井進、西の宅見勝に象徴される経済ヤクザの擡頭《たいとう》と破綻《はたん》があった。

闇社会の歴史は常に、戦後の焼け跡・闇市時代から高度経済成長期、バブル景気と崩壊……と表社会の移り変わりとリンクしており、全盛期を迎えた企業舎弟に代表されるように、闇社会が表社会とドッキングしたことで、闇の勢力が一斉に巷《ちまた》にあふれて来たのである。

警察当局が暴力団対策法などで締めつけを強めると、企業舎弟は一般市民を装い、フロント企業は合法的ビジネス面の充実を図るなど、どんどん姿を変えて進化したため、次第に一般市民の目には闇社会の面々か否かが分かり辛《づら》くなってきた。

それでもまだ九〇年代頃までは、〝その筋の人〟の匂いが漂い、矜持《きょうじ》や掟《おきて》のようなものもあったが、現在の経済事件は高学歴の金融・証券のプロたちが弁護士や公認会計士、建築士を従えて、堂々と犯罪に走る。暴力団や企業舎弟、仕手筋、総会屋……といったかつての経済犯罪の主役たちは、エリートたちのマネーゲームを側面から支援したり、匿名で資金を提供するだけの裏方に徹し、ほとんど表に出てこない。

前出のペイン証券やクレディ・スイス銀行のような外資系金融機関で暗躍する日本人の金融・証券マンを、経済界では「黒い目の外資」と呼ぶが、今の経済事件の主役はもはや完全に「黒い目の外資」や「黒い目の外国人投資家」に移ってしまった感がある。

彼らはヤクザの隣に立ってはいても、暴力団に属したことはなく、従って、その筋の匂いもしないし、古いしがらみもない。そうした危険な気配さえないから、まさに「目に見えない闇社会」と言っていいのではないか。

IT起業家が絡んだ事件には、前述したようにまだ、闇の住人たちがうじゃうじゃ出てきていた。が、AIJ、オリンパス両事件ではまず、姿を見かけない。

もっとも、彼らの姿は見えにくくなっただけで、決して消滅したわけではない。

大阪地検特捜部が〇五年十月にITMを家宅捜索したが、表向きの容疑とは別に、特捜部が注視していたのは関西の大物仕手筋・西田晴夫が既に年金資金を狙い、浅川の動向を監視していたというからで、経済犯罪のプロ・西田の先見の明、嗅覚《きゅうかく》の鋭さには驚かされる。

その西田と仕手戦などで激しく争ったこともある、前出の投資顧問会社社長の阪中彰夫も、実は野村證券ＯＢであり、浅川がペイン証券に入社した時、債券本部長として在籍しており、「投資や資金運用面で浅川に影響を与えた可能性は高い」（外資系証券マン）とされる。彼もまたスキあらば、最前線に飛び出してくることは間違いあるまい。

そんな西田や阪中の名前が度々浮上したものの、結局は〇七年六月に経済産業省から受講生を食い物にした悪徳商法として業務停止命令を受けた英会話教室最大手・ＮＯＶＡの資金調達をめぐるトラブルで、創業社長から八百万株を巻き上げた投資コンサルタントもペイン証券の株式本部長だった人物だ。

ＡＩＪの資金が流れた英領バージン諸島にあるＰＣの管理会社の住所は、外国の金融当局から提供された情報によれば、ある闇社会の組織のものと一致する。

特に多額のカネが流入し、すぐに他の口座に移動するという〝いかにも怪しい複数の借名口座〟は、山口組六代目組長の母体組織・弘道会の関係者のものである可能性が濃厚なのだ。

その中心に位置する口座の名義は何と、「K・SHINODA」であり、それは六代目組長の司忍の本名・篠田建市と全く同じスペリングであった。

第5章　目に見えないマネーの恐怖

「平成の花咲ジジイ」


「ガッハッハ」

小太りの中年男はダミ声をボリューム一杯まで上げて笑い出した。二〇一一年八月六日夜。東京・港区の高層ビルにあるオフィス。野暮ったい風貌《ふうぼう》の男は、実は、暴力団山口組に連なる〝凄腕《すごうで》の企業舎弟〟の真島晋平《ましましんぺい》（仮名）だった。

「いや、すまん。他人の不幸を喜んではいかんのだが、ダメ菅（直人首相）はじめ無能政治家、保身に走る役人のおかげで、久々にドでかいビジネスチャンスが転がり込んできたんで、つい……」

真島は机の隅に置いてあった書類を私の方に放り投げると、こう言った。

「これでまた、ひと儲けできるわ」

それは二日前の全国紙朝刊に載った記事のコピーで、こう書かれてあった。

《東日本大震災で被災した岩手、宮城、福島三県で出た大量のがれきなど災害廃棄物のうち、被災者の居住地や避難所周辺にあるものは八月末までに仮置き場に撤去できる見通しになった……》

環境省は三県のがれき撤去状況について沿岸三十二市町村から聞き取り調査し、二十四市町村が「既にほぼ完了した」、残り八市町も「八月末をメドに完了できる」と回答したという。三県のがれき総排出量は二二〇〇万トンと推計され、阪神・淡路《あわじ》大震災時のがれきの一・五倍。三県で平時に出る家庭ごみ処理量に換算すると、何と十一年〜十九年分に相当する膨大なものである。

記事は復興への一歩と評価したが、地元では「冗談じゃない。あちこちにがれきの山が並び、埋もれたままの遺体もある」と怒りの声が噴出しているとされる。

真島は多くのフロント企業を経営しているが、中でも不法投棄も辞さない「強面《こわもて》の産業廃棄物処理業者」としてよく知られていた。

「阪神・淡路は平時の八年分に当たるがれきを三年二か月かけて片づけた。その計算だと今回は四年九か月かかることになる。政府のまやかしか自治体の追従かは知らんが、この調査結果のデータには数多くのインチキが隠されとる」（前出の真島）

例えば、岩手県久慈市など六市町村が「既に一〇〇パーセント達成した」と回答しているが、がれき排出量がその中で最多の久慈市でも七万トンしかなく、六市町村合わせても四四万トンと少ない地域のデータでしかない。これに対し約六一六万トンと被災地の中で断然多いがれき排出地の宮城県石巻市では、わずか二一パーセントしか撤去されておらず、三県の平均も四五パーセントに止《とど》まっている。

メドがついたのは被災者が今も暮らす地域のがれきだけで、被害が大きく住民が住めなくなった市街地のがれきは含まれていないのだ。しかも、撤去と言っても三百十六か所ある仮置き場に運び込んだだけで、山のように積み上げられたままだ。

「だからこそ、被災者の皆様はこのパラダイスを待ち望んでいたんや」

真島はそう言うと、自分の携帯電話のカメラで撮影した画像を見せた。

そこにはどこかの山間部の崖《がけ》沿いで数台のパワーショベルが作業する風景が写し出されていた。真島は言う。

「これぞ、石巻から車で数時間走った山形県境近くにあるパラダイスや」

彼の真意を確かめようとした時、得意の〝無神経なギャグ〟が炸裂《さくれつ》した。

「ワシは平成の花咲《はなさか》ジジイや。がれきに（宝の）花を咲かせようやないか」

真島に話を聞いたのは、一万八千人余の死者・行方不明者を出した東日本大震災の五か月後。未《いま》だ二万四千人の被災者が避難所生活を続けており、単に場所を移しただけの二二〇〇万トンのがれきが片づかない限り、真の復興などあり得なかった。

平時のごみ処理量の百六年分ものがれきで埋もれた石巻市の旧北上《きたかみ》川沿いに立つ県

立石巻商業高校は、四方をがれきの仮置き場に囲まれていた。毎日、何台ものダンプカーが汚泥や壊れた家電製品などを運び込み、その量は一〇万トンを超える。

「悪臭と粉塵《ふんじん》、それにハエの大量発生で、暑くても窓が開けられない。体育の授業などで校舎外に出る時はマスクをつけるが、目の痒《かゆ》みや喉《のど》の痛みを訴える生徒は後を絶たず、肺炎と診断された者もいる」（学校関係者）

石巻赤十字病院には震災発生から二か月間に昨年同期の三倍に当たる三百十六人が入院し、うち肺炎が四・三倍の百九十人、気管支喘息《ぜんそく》の発作も三・六倍の二十五人に上った。「津波が運んできたヘドロには産業廃棄物の有害物質が多数含まれており、乾燥して大気中に粉塵として浮遊したものを吸い込んだため」（同病院）という。

「がれきは悪臭だけではなく、暑くなると、ガソリンや重油を含んだがれきが自然発火し、大火災に繋《つな》がる危険性を孕《はら》んでいる」（地元住民）というから始末が悪い。

ごみは廃棄物処理法で、一般廃棄物（家庭ごみなど）と産業廃棄物に大別される。

環境省によると、日本のごみ総排出量は四四三二万トン（二〇一四年度）で、産業廃棄物の総排出量は三億九二八四万トンである。一般、産廃とも排出量は減少しているが、その理由の一つはごみのリサイクル化が進んでいるからだ。そのリサイクルビジネスは一三年には四十四兆五千億円を突破するなど活況を呈している。

「ごみのリサイクル」と聞いて思い浮かぶのが、町内会単位で行われる家庭ごみの分別収集。ビンやペットボトルは容器包装リサイクル法に基づき分別収集され、九〇パーセント以上がリサイクルされる。ガラス製容器の三分の二はガラスビンの原料に、紙製容器包装の九五パーセントは製紙原料になり、ペットボトルの五四・八パーセントが作業服やカーペットの繊維、三八・七パーセントがクリアファイルなどに再利用される。プラスチック製容器包装は四〇パーセントがパレットになるという。

最大の産業廃棄物・建設廃棄物の九〇パーセント以上が建設リサイクル法施行で再資源化されるようになった。ビルの建設・解体工事などで出る建設廃棄物のうちコンクリート塊や木材など特定建設資材四品目はゼネコンなど建設工事受注者にリサイクルが義務付けられた。大半のゼネコンはこの業務を産廃業者に委託し、国土交通省によれば年間七〇〇〇万トン前後がアスファルトやブロックに再利用されている。

「災害廃棄物」と呼ばれる被災地のがれきについてはどうか。

仮置き場に集められたがれきは重機を使ってコンクリート、木材、金属片に分別される。リサイクルできるものを選び、再利用が難しいものは焼却処分し焼却灰は最終処分場に埋めるためだ。倒壊した木造家屋の柱など大きな木材は津波で海水を被《かぶ》っているため、真水に漬けて塩抜きした後で住宅の建築資材として使い、木片や木くずは破砕機で細かくしてチップにし、木質ボードやバイオマス発電の燃料にする。コンクリート塊は重機で粉砕し、道路の建設資材や沈下した地盤の嵩《かさ》上《あ》げ用材に使う。鉄くずなど金属系廃棄物は金属原料に、廃油やプラスチック加工くずなど化石燃料系廃棄物は建材や製鉄の還元剤に再利用される。

ところが、このがれき処理作業が仮置き場でストップしたままなのだ。

第一の理由はがれきを焼却する施設数が足りないため。地元の焼却施設が地震や津波で稼働できず、無事に残っていて稼働できても、通常の一般ごみの焼却処理で限界となり、とてもがれき処理まで手が回らないからである。岩手県大船渡市の「太平洋セメント大船渡工場」は、六月下旬からようやく一部運転を再開したが、一日三〇〇トンの焼却処理が限度で、県のがれき処理だけで五十年以上かかる計算だ。

「民間の土地所有者は仮設住宅建設用地としては貸すが、がれき置き場や焼却施設用地には抵抗感が強く、土地の資産価値が下がるからとなかなか貸してくれない」

と県のがれき処理担当者は嘆く。被災した市町村の大半はがれきの最終処分を県に委託しているが、県の動きは極めて鈍い。なぜなら、政府内に、がれき処理は『基本的には県や市町村が主体』とし自治体の処理費用を国が実質的に負担するという慎重派と、国の直轄事業として処理すべきという積極派が対立し、政府の方針がブレて定まらず、思い切った予算投入の決断ができなかったからだ。

仮置き場へのがれき搬入率が二六パーセントと最低だった釜石市は、撤去から最終処分まで一括処理できる業者を公募し、東京の大手コンサルタント会社に計画策定を委託した。地元土建業者は「がれき処理の仕事を大手ゼネコンに奪われ、新たな雇用にも繋がらず、被災地の経済復興に逆行する」と猛反発し、不協和音が聞こえる。

他県のがれき広域処理も、受け入れ先の住民の反対で暗礁に乗り上げている。

一方、東京電力福島第一原発事故の影響を受ける福島県内の各自治体は五月から、放射性物質で汚染されたがれきの焼却・埋め立て処理を中断。環境省は六月にやっと焼却灰に含まれる放射性物質が一キロ当たり八〇〇〇ベクレル以下なら埋め立てを認めるとの方針を決めたが、処分場所が決まらないため再開できず、汚染がれきは増え続ける一方だ。福島第一原発から半径二十キロ以内は撤去作業さえ行われていない。

不法投棄は「穴屋」「土屋」との連係

こうした被災地の閉塞《へいそく》状況が真島にビジネスチャンスをもたらしたとすれば、不法投棄を含めた大量のがれき処理を要請されたとしか思えないが、真島はこう語る。

「不法投棄と言えば、素人は山奥に捨てに行くと思っているが、個人が古いテレビをこっそり捨てるのとは違う。そんな単純な手口はすぐバレるし、処理できる量もタカが知れとる。他人の土地に捨てるから発覚して警察に通報されるんで、街のど真ん中という訳にはいかんが、周りを高い塀で囲っておけば見えにくいし、悪臭と騒音に気をつけて適当な工事名を掲げておけば、意外と文句が出ないもんや」

真島によると、産廃業者が成功する鍵《かぎ》はごみ捨て場の土地を探す人、穴を掘る人、お得意様を集める人、ダンプを仕切る人など専門家のチームワークにあるという。

そして、広大な自社地を持てるかが重要で、必ず近くに複数の敷地を確保しておくことが肝要だという。万が一、警察当局に摘発を受けた場合、すぐに次の土地を探すことは難しく、業務が停滞し、儲《もう》けがすべてパーになってしまうからだ。

「ワシは一度請け負った仕事は絶対に成し遂げるっちゅうのがプライドや。たとえ警察に捕まっても、集めたダンプカーには必ず荷を下ろ（不法投棄）してもらわんと、信用を失って、この世界では生きていけんのや」

と真島。こうも言う。

「中途半端に止めると儲けどころかアカ（赤字）が出るし、穴だらけの土地は使い物にならんから転売もできん。土をしっかり掘って売り飛ばし、穴はゴミでも何でも埋めて平らにすれば、数年後に駐車場や豚小屋くらいには使える。そこまで考えて計画を立て、初志貫徹するのがプロの産廃業者や」

広くて人目につかなければ、捨て場はどこでもいいという訳ではない。

「依頼主の地元から遠すぎるのは論外やが、産廃を満載したダンプが暗闇の中を群れを成して走るんやから、対向車が多いのはまずい。かと言って、あまり人里離れた山奥でも、急坂が登れんかったり急カーブで転落したら困るからな」

立地条件としては①出発点からダンプカーで日帰りできる距離にあり、夕方のラッシュを過ぎてから出発して朝のラッシュ前に帰るため高速道路を使わず四時間以内で行ける場所を目安とする。②現場近くまで舗装道路が整備され、最後に一キロ前後の未舗装の進入路がある。③付近に民家や人が集まるスポットがない――が重要だ。

「ワシのパラダイスは、まさにこれらの条件を満たした場所や。ほかに数か所のパラダイスを準備しとるが、東北は都心よりラッシュが少ないし、被災地復興の看板を掲げれば高速道路が無料で使えるんで、もっと遠くてもええで」

さらに適地の条件として④深さ十五メートルか三十メートルの谷沿いの山林。⑤土砂採取場跡地が最適で、ため池や休耕田が隣接している。⑥土壌や地形から宅地開発に相応《ふさわ》しくないうえ、近くに畜産施設がある――ことなどだ。
「十五メートルという数字は、パワーショベルのアームで一段約五メートル掘れるんで、三段以上の深さが適地となるからだ。後は穴が掘りやすく、掘った土砂が売れる土壌であることや多少の悪臭や騒音が気にならない土地ということや」（真島）
もう一つ重要な要素は土地代や不動産賃貸料が安く、土地所有者が簡単に提供する場所だ。そうした物件を見つけるのに相応しい人材が、「地上げ屋」だった。彼らの着目点は、
⑦個人投資家が買い漁《あさ》りバブル経済崩壊で残された担保価値のない山林や農地。
⑧デベロッパーのリゾート開発計画で買い占められた後に頓挫《とんざ》した広大な荒野。
⑨金融取引の失敗で抵当に取られ長らく地主が不在だった原野。
――などだ。

「ヤツらは暴力団の恐ろしさを背景に所有者の弱みにつけ込み、現金で土地を安く買い叩《たた》く。名義変更が規制され手つかずの窪地《くぼち》などに無償で残土を入れて農地造成すると持ちかけ、大穴を掘って土砂を売り、ごっそりと産廃を入れ、最後に少しだけ土を被《かぶ》せて逃げる詐欺まがいのやり方で次々と土地を取得した。中には農業生産法人ごと乗っ取った猛者《もさ》もいて、やりたい放題だった」（警視庁幹部）

適当な捨て場を入手すると、次に「穴屋」と呼ばれる不法投棄業者が登場する。

彼らはいかにたくさんの産廃を安全かつ確実に投棄できるかとの観点で穴を掘るだけではなく、現場全体を仕切るプロデューサーの役割を務める。

「ワシらにとって腕のいい穴屋を雇うことができたら、もう仕事は成功したようなものや。地上げ屋や不動産ブローカーに太いパイプを持っていて、いかに適した場所を安く手に入れられるかが穴屋の腕の見せどころや。次に『土屋』と呼んでいる土砂採取業者に話をつけて迅速かつ効率的に穴を掘らせる。そして、掘り出した土砂を高く売らせ、高いマージンを取る。この時、人が出入りする建物や一般道路に近い場所なら、鉄板の高い塀で現場を囲って穴を見えなくする。土砂を採取するには砂利採取法や都道府県の条例で許可が必要だが、もちろん無許可でやっとるんで隠さんと。これを〝万里の長城〟と呼んどるが、その作り方にもセンスが問われる。すぐに何かを隠していると思われては意味がないからな」

そう語る真島は、さらにこう続ける。

「ほかにも、穴屋はパワーショベルを借りるリース会社とか、ダンプを集めて来て仕切る『まとめ役』などに話をつけたり、ワシとの連携を密にして、ほかの産廃業者とか暴力団が介入しないように睨《にら》みを利かすことも重要な仕事なんや。もっとも政治家に政治献金を、暴力団上層部には上納金を納め、ビジネスが円滑に進むように取り計らうのはワシの仕事やし、行政や警察との腐れ縁を保つのもそうや。まあ、そういう有能な産廃業者とつるむことも穴屋の実力のうちやないか」

真島には仲間が捕まらないよう様々な工夫や〝抜け道〟を作るという仕事もある。

「もし土屋が警察の摘発を食らっても、本人が土砂を売っていないことにすれば、大した罪にはならない。彼らは直接、不法投棄には関わらないようにしとるし、土砂の売買に関わっていないように偽造した書類を予め《あらかじ》作っておき、カネの流れを分かりにくくしとるんや。土屋はそれぞれの地元で土建屋をやっとることが多いんで、建設業の許可が取り消されたり、公共事業の指名業者を外されたら大変やからな」

こうした〝抜け道〟は、穴屋に対しても施されている。

「土砂利権に関しては穴屋自身が名義人にならず、配下の若い者や系列の暴力団関係者をダミーとして入れておき、不法投棄の最中でも偽装転売を繰り返したり外国人名義にして、いざとなったら逃げられるようにしとくんや。転売価格は立方メートル当たり四千円前後が採算ラインやが、身辺がヤバそうな時は少々安くてもさっさと売り抜けるわけや。土を掘り終わってから土地所有者の名義を変更し各種手続きやら書類偽装やらすべて整ってから、産廃を入れれば、まず捕まることはないわ」（真島）

穴屋は不法投棄当日、現場周辺に警戒車を多数配置し、警察や行政の動向に注意しながら、ダンプカーを穴まで誘導する。

その時の警戒対象は警察や行政だけではなく、同業者たち、特に「一発屋」と呼ばれる単独または数台の無許可ダンプカーによる〝捨て逃げ〟行為を紛れ込ませないとか、土砂採取が終わらないうちに昼は土出し、夜は産廃入れを行ったり、手っ取り早く産廃を埋めずに高く積み上げたり、逮捕覚悟で短期勝負するゲリラ集団に巻き込まれないようにするなど、常に神経を張りめぐらせているという。

放射性がれきも撤去?

産廃業者の仕事ぶりを延々と語る真島に対して、実際に被災地のがれきを不法投棄する仕事を請け負ったか否かを追及したところ、渋々ながら認めた。

行き先は、真島が誇る山形県境に近い「パラダイス」であった。

「あの(依頼があった)被災地はがれきの臭いとハエ、呼吸器系病気の蔓延《まんえん》に辟易《へきえき》としており、地元住民が勝手に野焼きを始めるなど限界が来ていたようや。がれきと言っても木材やコンクリート片だけではなく、汚泥やら廃油やら動物の残滓《ざんし》やら、ややこしい産廃がぎょうさん含まれておった。そういうのは埋める前に中間処理、簡単に言えば焼却せんとあかんのや。だから余計に放置されておったんやろうが、ワシは被災という事情を考慮し、特別料金で中間処理省略で引き受けたったんや。間に入った地元企業の経営者が奔走し、ダンプ二十台分を集めてくれたんで。オープン価格の出血大サービスってヤツや」（真島）

被災地で初めての不法投棄だったので、穴屋に土屋、ダンプのまとめ役と誘導役、パワーショベルのオペレーター、見張り役ら通常の二倍以上の十数人が現地入りし、日頃は身の安全を考えて絶対に現場に顔を出さないという真島まで視察に訪れたという。しかも、今後の優良な資金源になると見込んだ暴力団系金融業者や、その金主で真島らの背後で蠢いている山口組系暴力団幹部まで姿を見せたというから、闇社会の面々がこの新しい被災地ビジネスに強い関心を抱いていることは間違いない。

「皆、何度も不法投棄の現場に立ち会っている海千山千の連中なのに、被災地での行動だからなのか妙に緊張というかテンションが上がって、余震があったらいかんと未舗装の進入路に鉄板を敷きつめたり、パワーショベルのアームをまるでデモンストレーションのように派手に動かしたりしとったわ」（真島）

不法投棄の作業は土・日曜か祝日が多い。時々パトロールを行う県環境管理事務所の役人たちが原則として休みだし、警察も宿直体制に入るため手薄になるからだ。

ところが、このオープン初日は平日だったため見張り役のパトロール回数を増やし徹底的に見回りをさせたり、集めたダンプカーもいったん所轄警察署管轄区域外の空き地で待機させ、見張り役のゴーサインを受けて、五台ずつ捨て場に入れたのだ。

不法投棄料金はダンプカー一台につき六万円で、この捨て場の正規料金の二五パーセント引きというオープン記念価格だ。これがちゃんとした最終処分場になると、処分料は一台につき二十五万〜三十万円に跳ね上がるというから驚く。この日は進入路の入口付近で受付役の男が現金で徴収し、ダンプカー一台が作業に要する時間はわずか五分程度であったという。ところで、どうやってPRしたのか。

「地元の企業経営者や暴力団関係者ら実力者に動いてもらい、相手側の責任者と密《ひそ》かに面談・交渉を重ねたんや。きれいごと言ったり、おいしい話ばかりしてもダメや。国や県にずっと騙《だま》されてきた人たちやからね。ウチのベテラン営業マンが何度も出向いて、やれることとやれないことをはっきり言い、どんな仕組みになっているのかを資料やパラダイスの写真を見せて説明したら、何とか納得してくれたようで、次第に軟化してきたんや」（真島）

《約一万平方メートルの広大な山林とその裏には深さ三十メートルほどの崖《がけ》があり、

側面はコンクリートを吹きつけて高い壁を作っています。その三〇万立方メートルの巨大な穴に、まるで断層を築くようにがれきと産廃と土を交互に埋めていきます。何しろ、我が社の土地ですから、どこからも文句は出ません。近くにはほかにも同様な穴が七か所以上あり、全部合わせると東京ドーム（一二四万立方メートル）一つ分のがれきや産廃が、今すぐ安い料金で処理できるんです……》

そんな説明を続けるうちに、被災者たちの表情が次第に変わってきた。

「そう説明しとったら、話を聞いとったお年寄りの目から涙がこぼれ、私たちの両手を握り締めてきた。若い人の瞳《ひとみ》にもはっきりと希望の光が浮かんできたんだ。常々、真島社長から『我々は何も悪いことはしていない。困っている皆様のためにやっているだけや。手抜きで何もしない政治や行政が悪いんや』と言われているし、私たちもその気で話しているから、相手に通じるのではないか」（真島配下の営業マン）

この話はきれいごとのような気がする。真島の「被災者にはがれきの山は思い出が一杯詰まったものかも知れんが、私には〝金の山〟にしか見えんわ」の言葉の方が説得力があり、かなり儲《もう》けているに違いない。そこで不法投棄の収支を尋ねると、明確な数字は示さなかったが、過去の料金体系や関係者の証言から類推するとこうだ。

初日はダンプカー二十台、廃棄物総処理量約五〇〇〇トン。料金収入百二十万円だ。

経費の方はパワーショベルのリース代が一台一日四万円前後。未舗装道路に敷きつめた厚さ二十五ミリの鉄板もリースで月二千円ほどだ。また穴屋やまとめ役の成功報酬、見張り役やオペレーターら作業員の日当など何だかんだで経費は五千万円近くになる。

土地の購入費用はいくら山奥でも一万平方メートルあれば、数千万円は下るまい。さらに暴力団への上納金、政治家への政治献金、行政や警察への挨拶料《あいさつ》（お目こぼし代）を考え合わせれば、粗利で一億円は稼がなければ、儲けなど出ないだろう。

仮に一億円の粗利を出すなら、ダンプカーで二千五百台から三千台、七万五〇〇〇トンの廃棄物を処理しなければなるまい。つまり、初日は大損覚悟の開店祝いセールであり、やがてはしっかりと利益を上げようと企《たくら》んでいることが分かる。

産廃業界で最も〝おいしい利権〟は最終処分場建設。数十億円を投じる造成・建設工事には地上げ屋や開発ゴロが暗躍し、その背後に蠢く暴力団や政治家を巻き込んで激しい利権争奪戦を展開することが多い。が、この不景気でそういつも本格的な処分場建設が行われる訳はないので、真島らは自社処分場で一儲けを企んでいるのだ。

みかじめ料や上納金の減少で四苦八苦の暴力団にとっても、この産廃業者の不法投棄は魅力的な市場であり、銀行の貸し渋りもあって、多額のブラックマネーを投入して上前を撥《は》ねようとしている。産廃業界では警察当局との間で「イタチごっこ」を繰り広げており、自社処分場を偽装した不法投棄が摘発を受けるようになれば、今度はリサイクルを偽装した不法投棄を始めるなど不毛の戦いが続いている。

福島県は住民に除染を勧め、一町内会当たり最大五十万円を助成してきた。だが、放射能で汚染されたがれきを「市がこっそりどこかに処分するのではないか」という疑念は拭《ぬぐ》い切れず、実際に清掃後に行方不明になった汚泥は一つや二つではないという。

実は、真島のもとには一部の福島県民から「放射性物質で汚染されたがれきを撤去しどこか山にでも埋めてほしい」との要請が届いていたのだ。

福島第一原発に関して、暴力団など闇社会は東京電力の孫請け会社やゼネコンからの要請で多数の作業員を原発施設内に派遣しているほか、東電の要請で警戒区域の放射線量測定員、ゼネコンの依頼で簡単ながれき処理の仕事などに従事している。

また避難所には暴力団組員が入り込み、各種補助金や義捐金《ぎえんきん》の支給が遅れ困窮している被災者に対し、一人当たり十万円までの小口貸付で「トサン（十日で三割の利息を支払う仕組み）」という暴利を貪《むさぼ》るヤミ金融業を営んでいる。ほかに避難所での賭《と》博《ばく》や麻薬、振り込め詐欺など悪事を働く暴力団関係者もいたが、どれも小口ビジネス。そこへ飛び出したビッグビジネスが、放射性がれきの撤去だった。

がれき処理は、既にスリランカやアフガニスタン、ブラジル、ロシアなど外国人労働者を使って、津波を浴びて廃車になった乗用車やタイヤを回収し、解体した部品を海外に売り飛ばしたり、自動車そのものを密輸したりする暴力団員も現れた。だが、今回要請があった原発周辺地域の原状復帰活動は一筋縄ではいかない難題だ。

「もし放射性がれきの処理をやるとしたら、専用のスタッフを養成して回収に当たることと、専用の処分場を作ってそこに集中して送り込むことが必要だが、容易ではない。高報酬が頂けるなら考えなくもないが、仲間の生命も大事だし止めとくわ」

豪快で明るい真島でも、慎重な口ぶりに終始した。

だが、彼は決して諦《あきら》めた訳ではない。半径二十キロの警戒区域と飯舘《いいたて》村など放射線量が高く、計画的避難区域（現在は居住制限区域）になっている場所の放射線量や放射性セシウムなどの量を密《ひそ》かに調査しているからだ。

知人の土建業者は、こう明かす。

「真島社長は豊富な人脈を使って土壌改良、地下水脈、風向きと飛散状況を調べている。おそらく地下五十センチまでの土を掘り、その土を入れ換えて放射線量を抑える計画を立てているんじゃないか」

何しろ、土を掘り中身を入れ換えることは、彼らの得意技なのだ。

トレンドは中国人人間ドック

もともとヤクザの生業《なりわい》はバクチ打ち（博徒）か露天商を仕切って上がりを頂く（テキヤ）であった。それが、少しでも早く西洋諸国に追いつき、追い越そうした明治政府が、ヤクザの力を利用しようと、彼らの社会的地位を向上させるため土建業を営ませた。こうして土建会社の看板を掲げたヤクザ組織は、戦争中は日本軍に協力し、基地や飛行場を構築したり、軍用道路や兵員宿舎を建設してきた。戦後はそうした技術や人脈を活用して進駐軍関連施設や焼け跡の復興事業に携わって大儲《おおもう》けし、急成長を遂げた。これら土建業界に進出した暴力団の多くは、後に「○○組」と呼ばれるようになり、江戸時代から続く博徒組織の影を引きずる暴力団が未《いま》だに、「××一家」という呼び名を掲げているのとは一線を画している。

暴力団と土建業界は現在、表面上は関係を断っているように見える。が、大型公共工事の受注をめぐって長年にわたり、暴力団が工事費の五～一〇パーセントもの〝地元対策費〟を取って、業界や地元関係者と称する右翼団体、エセ同和団体などとの間で〝事前調整〟を図る悪しき習慣が残されており、腐れ縁の遮断は容易なことではない。

その後、土建、興行、政治が「近代ヤクザの三大産業」と呼ばれたが、今や、そこに金融、不動産などの「合法ビジネス」が加わって、隆盛を極めている。

政府や各自治体、警察当局は計五回もの改正を重ねた暴力団対策法や、全国の都道府県で二〇一一年までに導入した暴力団排除条例を前面に押し出し、暴力団をはじめ反社会的勢力の締め出しに躍起だが、何事にも根回しを重視し、「長い物には巻かれろ」的発想で事業を進める長年の悪習に培われた腐敗の構造は簡単には改善することが難しいようである。

それでも暴力団自体ではなく、暴力団に資金や各種サービスを提供し利用しようとする個人や団体への罰則を盛り込んだ暴排条例が施行されたことは、暴力団に深刻な打撃を与え、しかし、そのために暴力団の活動は水面下に潜り、ますます見えにくくなりつつある。

ここで再び、序章に登場した企業舎弟の「銭谷」に登場して頂こう。

「ワシら、何百、何千億円になる大仕事は皆、周りに取られてもうて、数百万から精々一億くらいの小商いしかしとらん。それもほとんどが合法ビジネスで、世の人々に喜ばれる仕事ばかりや。半分、慈善事業みたいなもんやわ」

銭谷はそう語るが、彼がやっていることは確かに「人助け」と言えば、そう思えなくもない。そして、それは前述した産業廃棄物処理も、同じ考え方であり、そうした雰囲気を漂わせている。もちろん彼は微妙なところで法を犯し、そして確実に儲けている。

たとえば「医療舎弟」。医者数が少ない地方都市を中心に医者を招いて開業させ、その収入を保証するために患者の斡旋《あっせん》やたらい回し、過剰検査や投薬過多システムの構築、老人ホームや福祉施設と連携した訪問診療を行わせる医療コンサルタントのことである。

後述する悪徳老人ホーム業者と組んで、ろくに診察もしないで数多くの訪問診療を実施して荒稼ぎしているといい、看護師や職員の派遣、不用な医療品や介護用品などを大量に買わせ、不用なものを引き取ってカネに換える悪辣《あくらつ》さだ。

続いて「福祉舎弟」。老朽化やバブル崩壊で売れ残ったマンションや社員寮、リゾートホテルなどを安く買い叩《たた》き、必要最小限のリフォームを施して有料老人ホームに仕立て上げる。そこに高いカネを取って老人たちを入居させ、混み具合を見計らって入所者斡旋料を取ったり、追加料金を徴収してインチキリハビリを施したりする。

当然、職員の待遇は悪いから慢性的な人手不足であり、介護の等級を勝手に設けて特別料金を取って、「他人よりいい介護を受けられるようにする」仕組みなど、まさに「老人ホームほど美味《おい》しい商売はない」(福祉舎弟の一人)と言うだけあって、やりたい放題である。

建物の老朽化が進み過ぎていたり、職員の人手不足がどうにもならない時は、老人ホームを止めて、介護付き高齢者専用住宅なる〝怪しげな建物〟として貸し出すなどあらゆる手段を講じて儲けに走っている。

極め付きは「宗教舎弟」。無住寺や住職がご乱行で荒廃した寺院を乗っ取り、ご本尊や仏具などを売りさばいたり、税の優遇措置を悪用して駐車場・アパート経営や墓地造成販売、インチキ仏具販売などで暴利を貪る悪党たちだ。

このほか、卵子提供や代理母斡旋、乳幼児の養子縁組・斡旋など、文字通り「揺りかごから墓場まで」何でもカネにする恐るべき連中なのだ。

「ワシら大したカネ儲けにはならんが、お客さまが皆、喜んで下さるからええんや。それは真島さんも同じだと思うで」

銭谷はそう語るが、それが悔し紛れの弁明に過ぎないことは、思わず発した「大仕事は皆、周りに取られてもうて」の言葉から類推できる。

銭谷が今、取り組んでいるビジネスは来日する中国人観光客を相手にしたものだという。と言っても爆買や、それに取って代わりつつあるインターネット通販などではない。

「来日中国人の富裕層にターゲットを絞り、人間ドックやいろいろな精密検査を受けさせるんや。これらはほとんどが保険適用のない自由診療で、しかも現金商売なので、利益が莫大《ばくだい》なものになるやろ。検査はピンからキリまであるが、富裕層は最低三十万円、平均で五十万円は支払ってくれる。カネや地位、名誉を手に入れた富裕層にとって最も大事なのは健康や。病、特にガンは怖いらしく、日本のような信頼できる医療機関でちゃんと検査すれば、少々高いカネ出してもいいそうや。安心料やな」

銭谷はそう語り、さらにこう続ける。

「まだ受け入れる医療機関が揃っていないことから、患者が多い病院でも月二千人がやっとや。純益はまとめて月五億円ほどやが、病気が見つかれば、そのまま高度医療を受けることになるし、患者が健康なら関連店舗で爆買に走るから、取りっぱぐれが全くない。最近真似する組織が出てきたんでおちおちしてられんが、いい商売やろ」

銭谷の下には有望な若手が大勢控えており、まだまだ他に儲け話がありそうだが、「これ以上は内緒や。企業秘密ってヤツや」とのたまう。そんな彼曰《いわ》く、

「ワシらの敵は今や、対立組織でもなければ、警察でもない。本当に恐ろしいのは、目に見えないものなんや」

ハゲタカファンドの襲来

「日本には未開発の宝の山が眠っている。誰もが見向きもしない道端に転がっている石ころも、磨いてみたらダイヤモンドだった。そんな夢が叶《かな》うドリームランドだ」

これは、投資ファンドのリップルウッド・ホールディングスのティモシー・コリンズ最高経営責任者（CEO）の言葉である。

日本長期信用銀行の買収では、わずか十億円の元手で、新生銀行の再上場時点で二千二百億円のキャピタルゲイン（株式売却益）を得るという宝の山を掘り当てた人物として知られる。

リップルウッドの成功で、外資系投資ファンドが次々と日本に襲来した。銭谷が言う「目に見えないもの」の第一弾は、遠い海外からいきなり襲来する外資系投資ファ

ンドのことであり、確かにバブル崩壊で日本に横たわっていた資産や企業は軒並み、彼らの手に落ちていった。

有価証券報告書の虚偽記載問題に端を発し、経営改革に乗り出した西武グループがちょうど全国各地のリゾートホテルやゴルフ場、スキー場の整理・売却を図ったことが、外資系ハゲタカファンドにとって、まさに宝の山に映った。

まず、ゴルフ場は一九九七年、国内第二位の日東興業グループが経営破綻《はたん》して以来、倒産ラッシュが起こり、外資系投資ファンドが屍《しかばね》に群がるハゲタカさながらに、破綻したゴルフ場を買い漁《あさ》った。九七年から二〇〇四年までの八年間に、ゴルフ場運営会社の倒産は四百二十四社に上った。

先頭に立ったのは米外資系ファンドのローンスターグループで、日本ゴルフ振興グループや地産、STTグループのゴルフ場を買収し、最盛期で九十二コースを保有した。次が米投資銀行のゴールドマン・サックスグループで、日東興業などのゴルフ場を買収、最盛期は七十四コースを保有した。

買収対象としてはパブリック制ゴルフ場が主流の米国のファンドが、日本の会員制ゴルフ場を買収した理由は、会員から預かった預託金で取り敢《あ》えず、借金の棒引きを図れるからだった。

ゴールドマンによる日東興業買収手口が、外資によるゴルフ場買収のモデルケースとなった。ゴールドマンは経営権を買収して子会社化したうえで、金融債務を半値以下で買い取り、筆頭債務者になった。日東は和議を申請したが、和議では預託金のカット率は八二パーセントと低いため、民事再生法を申請させ再び倒産させた後、プレー権を保証する代わりに預託金二千六百億円の九七・五パーセントをカットし、残る預託金の二・五パーセントに当たる六十五億円だけを引き継いだ。これに金融機関から買い取った担保付債権を加えても、買収に要した資金は数百億円程度だった。

外資による日本買いが始まったのは、奇《く》しくも宅見が凶弾に倒れた九七年からであった。この年の三月に、東京三菱銀行（現・三菱東京ＵＦＪ銀行）がバルクセール（一括売り）で不良債権を売却したことがきっかけとなった。

バルクセールに出された不良債権は、まず法的整理された破綻債権である。銀行が償却を済ませた案件が主。次に破綻懸念先や実質破綻先の債権が売却された。売買価格は簿価の五〜一〇パーセントが相場。買い手はサーベラス、ローンスター、ムーア・キャピタルの御三家を中心にした外資系投資会社で、不良債権となった土地を二束三文で買って転売し荒稼ぎしたことからハゲタカファンドと呼ばれるようになった。

銀行が抱えた不良債権は、こうして最終処理が進められたが、儲かるとなれば、買い手が増え、入札価格が簿価の二〇～四〇パーセントまでつり上がった。

当然、ケガをする投資会社も出てきて、外資系はバルクセールから撤退した。

彼らが次の獲物としたのが企業再生ビジネスであった。破綻した企業を買収して、転売や株式上場でリターンを得るのだ。

再生ビジネスで巨額のキャピタルゲインを手にしたのが、リップルウッドである。

八兆円もの公的資金が投じられた長銀をわずか千二百十億円で買い取り、新生銀行の上場で一千億円以上の利益が転がり込んできた。まさに「濡《ぬ》れ手で粟《あわ》」で笑いが止まらない。ハゲタカファンドが日本に上陸して初の快挙だった。

リップルウッドが長銀買収に要した額は、買収額十億円と、第三者割当増資で払い込んだ千二百億円の計千二百十億円。これに対し、日本政府が長銀＝新生銀行に投じた公的資金は、長銀分が資本注入千七百六十六億円、債務超過の穴埋めとしての金銭贈与三兆二千二百四億円、損失補塡《ほてん》三千五百四十九億円、資産買い取り三兆六百二十八億円。新生銀行分が政府優先株による資本注入が三千七百億円、瑕疵《かし》担保契約に基づく買い取り額が八千五百三十億円。締めて八兆三百七十七億円である。

八兆円もの公的資金が注入され、長銀の不良債権は一掃された。それゆえ新生銀行はその重荷を背負わずに出発できたのだ。政府丸抱えで大きくなった甘い果実を存分に楽しんだのはリップルウッドだけである。

リップルウッドの大成功で外資系投資ファンドが次々と銀行買収に乗り出した。

次に続いたのが、あおぞら銀行の筆頭株主だったサーベラスだ。

あおぞら銀行の前身である日本債券信用銀行を買収したのは、孫正義率いるソフトバンク連合である。一時は四八・八七パーセントを保有する筆頭株主だったが、ブロードバンド事業に資金を投入するため全保有株をサーベラスに売却し、サーベラスの保有株は六一・八パーセントに上った。ソフトバンクは買収額四百九十三億円、売却代金千十一億円で差し引き五百十八億円のキャピタルゲインを得た。

ただ、あおぞら銀行には三兆五千二百億円の公的資金が投入されており、その甘い果実も外資系投資ファンドのものになった。

次に、WLロス・アンド・カンパニーは、六千五百億円の公的資金が投入された幸福銀行を二百四十億円で買収し、関西さわやか銀行と名を変えた。WLロスは保有株の八〇パーセントを関西銀行に三百八十四億円で売却、百四十四億円の利益を得た。

二〇〇四年二月、さわやか銀行は関西銀行と合併し、残りの株も九十億円相当に化けた。

こうした動きは企業再生ビジネスとして発展し、外資系と和製の投資ファンドが続々と名乗りを上げ、ダイエーやハウステンボスの再生を進めていったのだ。

不良債権ビジネス、企業再生ビジネスで成功を収めた投資ファンドが、次に狙ったのがM&A（企業の合併・買収）ビジネスである。

海外の大型M&Aは今や、株式交換による買収が主流だ。ドイツ自動車大手のダイムラー・ベンツ（現・ダイムラー）による米クライスラー（四兆円）買収、米製薬大手のファイザーによる米ファルマシア（六兆円）買収などが、それに当たる。

日本で三菱東京フィナンシャル・グループがUFJを統合したのは、外国企業の買収を阻止する狙いがあったというが、それでも時価総額で六兆円しかなく、いつ買収されても不思議ではないのだ。

これまで外資による日本企業の買収は破綻企業が中心だったが、次第に優良企業に狙いが向き始めた。

投資ファンドがTOB（株式公開買い付け）方式で株を買い取って多数派を作り、株式交換方式で買収に応じれば、時価総額の大きな企業も簡単に手に入る。その株式を市場で売却すれば、巨額の利益を手にすることも可能だ。

○六年に外国企業にも認められた株式交換の解禁は、ハゲタカファンドにはまたとないチャンスをもたらしたのだ。

次に「目に見えない恐ろしいもの」とは、インターネットなどのウイルス感染である。これは下手すると、知らない間に被害者どころか、犯罪者になる時代が到来したことを意味している。

遠隔操作された犯行予告

他人のパソコンに自ら開発したウイルスを感染させて遠隔操作し、その人物に成り済まして、脅迫・犯行予告メールを行政や学校などに送りつける事件が、二〇一二年六月から九月にかけて頻発したことは記憶に新しい。

そのうち、①六月二十九日の横浜市のホームページ（HP）に送りつけられた小学校無差別殺人予告をはじめ、②八月一日の日本航空にメールで送られた旅客機爆破予告など三件、③八月九日のネット掲示板「2ちゃんねる」に書き込まれた天皇殺害予告など二件、④八月二十七日のお茶の水女子大学附属幼稚園と学習院初等科に送りつけられた襲撃予告や有名タレント事務所への殺害予告など五件、⑤九月十日の同じネット掲示板に書き込まれた伊勢《いせ》神宮爆破予告など二件——の計十三件について、《私が真犯人》と名乗る人物からの犯行声明メールが十月九、十両日に都内の弁護士事務所とTBSに届き、メールの内容が事実であると確認されたことで、これらの事件は誤認逮捕という別の人権問題に発展した。

①の事件で神奈川県警が威力業務妨害容疑で逮捕し、静岡家裁が保護観察処分を下した都内の男子私立大学生をはじめ、②の事件で大阪府警が同容疑で逮捕し、大阪地検が偽計業務妨害罪で起訴した大阪府吹田市の男性アニメ演出家、④の事件で警視庁が脅迫などの容疑で逮捕した福岡市の無職男性、⑤の事件で三重県警が威力業務妨害容疑で逮捕した津市の無職男性——の計四人が無実であることが確認されたわけだ。

その後、司法・警察当局は誤認逮捕であったことを認めて謝罪し、逮捕・起訴・保護観察処分などすべての処分を取り消すという前代未聞の大失態に発展した（③の事件で社用パソコンを遠隔操作された愛知県の男性会社員は、警視庁が発信元として会社までは特定していたが、個人を割り出し強制捜査に及ぶまでには至っていなかった）のである。

警察当局によると、①の事件は「2ちゃんねる」上のURL（ネット上の住所）をクリックするだけで、パソコン所有者の意図とは別に、特定のサイトに書き込ませる仕組みの「クロスサイト・リクエスト・フォージェリ（CSRF）」という手法が利用されていた。これは〇五年頃から登場し始めた手口で、一般的に遠隔操作ウイルスを使うより簡単にできる攻撃方法だとされている。

それ以外の②～④については、「2ちゃんねる」を閲覧した人を特定のサーバーに誘導して、ウイルス感染させる手口が使われた。そのサーバーには予《あらかじ》め、犯人がウイルスを仕込んだ無料ソフトを送り込んでおき、「2ちゃんねる」の《気軽に「こんなソフトありませんか?」》というスレッド（書き込み欄）から閲覧者を誘導し、無料ソフトをダウンロードさせる仕組みだった。犯人はそうやってウイルスに感染させたパソコンを遠隔操作し、掲示板やＨＰに脅迫や犯行予告を書き込んでいったのだ。

こうした遠隔操作指令に関して、犯人は幾つもの海外サーバーを経由して送っていた。また発信元の記録を残さずに送信先への通信ができる匿名化ソフト「Ｔｏｒ（トーア）」を活用するなど、発信元を追跡する捜査当局の手から逃れるため周到な準備を進めてきた形跡があり、高度な知識を持つ人物が関与した可能性が高いとされた。

たとえば、大阪府警に誤認逮捕されたアニメ演出家の場合、発信元からの無差別殺人予告などのメールは米国や英国、ドイツ、リヒテンシュタインなど少なくとも五か国以上のサーバーを経由して送信指示されていたことが分かっている。

「Ｔｏｒ」は米海軍調査研究所が開発し、民間の技術者が改良した技術で、これを使って発信した場合、世界中のサーバーが経由地点として無作為に選ばれる。しかも、通信記録も暗号化するため、発信元を特定することは困難とされているうえ、関係各国の警察当局がどこまで捜査協力に応じるかは不透明だという。

また、ウイルス感染のきっかけとなった「2ちゃんねる」の運営管理者側も、警察当局から通信履歴の開示を求められたが、ほかの多くのネット犯罪捜査への対応と同様に敢然と拒否しており、捜査の進展は簡単には望めないのが実情だ。

カリスマ犯罪者との同化願望

犯人は犯行声明に、《このメールを警察に照会してもらえれば、私が本物の犯人であることの証明になるはず》などと、自分が真犯人であることを誇示するような文言を並べていた。

さらに犯行目的については、《警察・検察をはめてやりたかった。醜態をさらさせたかったという動機が100％です》と明言し、《警察・検察の方へ　あそんでくれてありがとう。（略）またいつかあそびましょうね》とか、《いずれの件でも、本当に凶行に及ぶつもりはありませんでしたのでご安心ください》といった挑発的な文面も目立った。

そのうえで犯人はアニメ演出家のパソコンを、自ら作成した遠隔操作型のウイルスに感染させた際、そのパソコン画面を一定期間にわたり観察した後で、標的を定めて犯行に及んだなどの手口を詳細に明らかにしている。

そして、その犯行の証拠として、アニメ演出家のメール受信箱と「2ちゃんねる」の閲覧画面のURLを明示していた。

一方、ウイルスについて犯人は《既成の亜種ではなく、私が一から開発したもの》と説明。パソコン内のファイルを外部送信したり、キーボード操作を盗み見たりする機能も備えてあるとして、操作マニュアルまで紹介している。

こうした犯人の自信満々な態度や斜《しゃ》に構えた挑発的な文言から、一九八四年から翌八五年にかけて全国の食品・製菓メーカーや消費者を恐怖と混乱に陥れた警察庁指定「グリコ・森永《もりなが》事件」を思い浮かべた読者が多いのではないか。

三十年以上も前の事件だけに、犯人の「かい人21面相」はパンライターで打った脅迫状や挑戦状を企業やマスコミ、警察に送りつけてきたのだが、その自信過剰で挑発的な文面に共通する傾向が見られる。「書状の随所に証拠やヒントを残しているように見せる手口も同じだ」と話す捜査員もいたほどだ。

この犯人が横浜市に送った犯行予告メールに使ったアドレスの《schoolkiller（スクールキラー）》は、九七年の神戸連続児童殺傷事件で、犯人の酒鬼薔薇聖斗《さかきばらせいと》が送りつけた犯行声明文に書かれた表記であった。また、お茶の水女子大学附属幼稚園など四か所に送った脅迫メールのアドレスの《sarin（サリン）》や、パスワードの《vxgus（ＶＸガス）》は、オウム真理教事件で使用された毒ガスの名前である。

さらに、横浜市への犯行予告などに使われた《鬼殺銃蔵《おにごろしじゅうぞう》》は、一九九八年から人気漫画雑誌に連載された『鬼斬り十蔵』を参考にしたと見られている。

これらのアドレスや表記は「犯人が自分も世間を震撼《しんかん》させる事件を起こせると誇示し、過去のカリスマ的犯罪者と同一視されたいという願望を持っている表れではないか」（ベテラン捜査員）との見方が強い。

逆に、十三件の犯行予告のうち九件が月末か月初めに集中しており、文面に《はだしのゲンの勝子みたいになれ》などの書き込みがあることから、意外と高年齢のサラリーマンではないかとの見方も根強く存在していた。

犯行声明で仄《ほの》めかしたように、犯人がその気になれば、遠隔操作ウイルスを使って官公庁や大企業に対して一斉にアクセス要求を出し、国を担うパソコンをダウンさせることはできたし、その結果、社会に大きな混乱を巻き起こすことは十分に可能だったはずだ。それを敢《あ》えてしなかったことが、犯人が意外と年輩者であるとの説に信憑性《しんぴょうせい》を与ええていたことは間違いない。

警察当局のプロファイリングによると、ネット上にウイルスをまき散らす輩《やから》は一〇～四〇代の引きこもり男が多いという。愉快犯が大半で、ウイルスに感染したパソコンは、カメラやマイクを勝手に動かして所有者の動向を探ることができるため、覗《のぞ》き趣味のある人物には〝堪《たま》らない遊び道具〟となる。

犯人がアニメ演出家の動向を観察していたことが分かっており、捜査はこれらの情報に振り回され、迷走してしまった。

もっとも、最終段階に来て犯人がミスを犯した可能性が浮上している。

三重県の事件でパソコンにウイルスが残されていた点について、犯行声明には《わざと消さないでおきました。警察がどう出るか試す意図がありました》などと書かれてあった。

しかし、その後の捜査で、大学の電気学科で学んだ経歴を持ち、パソコンに精通していた津市の男性がウイルス感染後に異変に気づき、ウイルスの動作を停止させていたことが分かり、犯人が消去できなかった可能性が出てきたのだ。

さらに犯人はウイルスを添付する際、一度だけ匿名ソフトを使わずに「2ちゃんねる」に書き込んでいたことが発覚。捜査の手が身辺に及ぶ危険性を察知したのか、最初の犯行声明から一か月余の沈黙を破り、十一月十三日深夜になって報道機関などに《お久しぶりです。真犯人です》というメールを送ってきた。

そこには《ミスしました。ゲームは私の負けのようです》としたうえで、《捕まるのが厭《いや》なので今から首吊《くび》り自殺します。楽しいゲームでした……》などと自殺を仄めかす文面まであった。

また、メールに添付された画像には、十三日付の神奈川新聞の上に人気アニメ「魔法少女まどか☆マギカ」のキャラクター人形が置かれ、周囲をパソコン用ケーブルで囲んだものがあり、その画像の撮影場所と見られる位置情報から、捜査当局は横浜市保土ケ谷《ほどがや》区内の団地周辺を捜索したが、真犯人に繋《つな》がるものは見つからなかった。

結局、この事件はＩＴ関連会社元社員の男（当時三十二歳）が威力業務妨害容疑などで逮捕され、東京地裁で懲役八年の実刑判決を言い渡された。

男は「被害者や多くの方にこれ以上迷惑を掛けられない。罪と向き合い、更生に努めたい」と控訴せず、実刑が確定している。

ＤＤｏＳから標的型攻撃

遠隔操作ウィルスに感染させられたパソコンによって犯行予告メールが送りつけられた一連の事件は、カネを脅し取られたり詐取されるなどの被害が出なかった。が、世界各地でネット・サイバー犯罪は巧妙化・凶悪化の一途を辿《たど》っている。

欧米や中南米諸国で二〇一二年一～三月、ウィルス感染したパソコンのネット口座から六十億円以上が不正に送金される被害が発覚し、被害はさらに広がる様相を見せている。

日本でも一一年四月頃から首都圏や関西地方を中心に、コンピューターウィルスを使ったインターネットバンキングの預金不正送金事件が相次ぎ、十五年の年間被害額は約三十億七千三百万円に上っている。主な手口は、ネット上の特定のサイト閲覧などでパソコンをウィルス感染させ、ＩＤを打ち込むキーボード操作を〝盗み見〟してＩＤやパスワードを入手。第三者のパソコンを踏み台に口座に侵入して預金を引き出し、海外に送金するというものだった。

また一一年八月から九月にかけて、今度は埼玉、愛知、福岡各県を中心に不正送金事件が発生。こちらは、インターネットバンキングの利用者がパソコンでアクセスすると、偽画面が現れ、本来求められない暗証番号や契約者情報を入力する項目を追加し、振込先を利用者が指示したのとは別の口座に置き換え、送金手続きする機能まで備えている「ＳｐｙＥｙｅ（スパイアイ）」と呼ばれるウイルスが使われたケースが多かったという。

福岡、埼玉両県警は現金を引き出したリーダー格の中国籍の男を逮捕、その背後に大がかりな中国人犯罪組織の存在が浮かび上がっている。

こうした遠隔操作ウイルスに感染すると、利用者がパソコンでどういうキーボード操作をし、どんな文字を打ち込んでいるかという情報までスパイされ、外部に送信されてしまう。つまり、クレジットカード番号やＩＤ、パスワードなどが漏れ出し、犯罪者が利用者に成り済まし、ネット通販で高額商品を買い漁《あさ》る危険性が出てくるわけだ。

因《ちな》みに、一五年のカード不正使用の被害額は、届け出があった分だけで約百二十億円に上る。ＵＲＬとＩＤ、パスワードを抜き取られれば、ネットバンキングで預金を丸ごと奪われる恐れがあり、「気づいたら一文なし」という笑えない話が海外では既に出ている。

一一年には世界のウイルス対策機関として最大手の米国・シマンテックが世界中で見つけたウイルスは約四億三百万種に上り、前年同期の約二億八千六百万種から四割増加し、そのうち約七割は何らかの遠隔操作機能を持っていたという。

これらサイバー空間を舞台にした攻防戦は年々激しさを増し、今やサイバーテロの時代を迎えたと言ってもいい。

かつてサイバーテロと言えば、大量のデータを送りつけ、サーバーなどに打撃を与える「DDoS（ディードス）攻撃」が主流だったが、今は極秘情報を抜き取るなどの目的で標的の情報システムに潜り込む標的型攻撃や、社会生活への影響が大きい産業用システムに対する攪乱《かくらん》攻撃など、実にさまざまな手法が登場し、被害は拡大する一方だ。

「世界で初めてのサイバー戦争」と位置づけられているのが、二〇〇七年四月から五月にかけてエストニアで勃発《ぼっぱつ》した大規模なサイバー攻撃であった。

三週間以上にわたり、政府や銀行のサイトにDDoS攻撃が仕掛けられ、政治経済の機能が完全にマヒした。が、同国では直前にロシア系住民が暴動を起こしており、エストニア政府は「裏でロシアが糸を引いている」と非難（ロシア側は否定）している。

〇九年七月には韓国で大統領府や国防省などがＤＤｏＳ攻撃を受け、米国でも同時期、ホワイトハウスなどのウェブサイトが攻撃を受けた。韓国では一一年三月にも、大規模なＤＤｏＳ攻撃を受けており、韓国政府は「北朝鮮の関与は明らか」と指摘している。一三年にはオープンリゾルバを悪用した攻撃も受けている。

標的型攻撃としては一〇年に確認されたウイルス「スタックスネット」が有名。イラン中部の核施設の制御装置に感染し、ウラン濃縮施設が一時停止に追い込まれたといい、緻密《ちみつ》なプログラミングが施されていたことから、米国とイスラエルの共同開発が疑われたが、両国は認めていない。

一一年には米大手システム会社のセキュリティー部門と大手軍事企業が標的型攻撃を受けたことを公表している。

日本でも一一年夏に衆参両院のコンピューターをはじめ、外務省など中央省庁や防衛産業が標的型攻撃を受けた。盗まれた情報の送信先の一つに中国・南京大学の元大学院生で、中国人民解放軍の幹部としてサイバー攻撃の研究をしていた人物のメールアドレスが設定されていたことが判明。中国政府や人民解放軍が組織的に関与したのではないかと報じられ問題になった（中国側は否定）。まさに国家レベルの戦いが密《ひそ》かに始まっていたのだ。

一方、国内の庶民生活のレベルでも、ウイルスによる被害は「一日に数万件のペースで増えている」（警察庁幹部）と見られ、一二年上半期（一〜六月）のウイルス被害の公式相談件数は「氷山の一角に過ぎない」（同）ため、わずか二百八十五件に過ぎないが、それでも前年同期比で八二・七パーセントも急増している。

警察庁によると、一一年に警察が解析した情報量は約三百三十万ギガ・バイトで、四年前に比べ六・六倍に増えている。こうした事態に対応するため、警察庁は警視庁をはじめ全国の主要警察本部を中心にサイバー犯罪に関わる専従捜査員を二年間で六百五十人増員し、計一千人としたが、全く足りていないのが現状だ。

このように解析量が激増した最大の原因は、スマートフォン（高機能携帯電話）の普及にあると言っても過言ではない。

『インターネット白書２０１２』（財団法人インターネット協会監修）によれば、日本人のソーシャルメディア人口は一二年五月現在で約五千六十万人に上り、前年同期の約三千五百三十万人に比べ、千五百三十万人も増えている。今や日本人の二人に一人が、倫理・人権上のガードがなく、ウイルス対策も不十分なネットの荒海を漂っていることになる。

ＩＴ専門調査会社「ＩＤＣジャパン」は、一五年のスマートフォン国内出荷台数を前年比三・六パーセント増の二千七百四十九万台と発表。一一年頃から順調に伸ばしてきた出荷台数にやや陰りが見えてきたが、人気は相変わらず高い。タブレット端末の出荷台数も同一・五パーセント増の八百三十一万台に達している。

そのスマートフォンに登録された個人情報を無断で外部送信するアプリ（応用ソフト）を作成し、インターネット上に公開したとして、警視庁は一二年十月末、元IT関連会社会長ら五人を不正指令電磁的記録供用容疑で逮捕した。

この会社が作成したアプリは少なくとも九万人分のスマートフォンに取り込まれ、電話番号やメールアドレスなど約千百八十三万件の個人情報が流出している。この会社は自ら運営する出会い系サイトなどの勧誘用に、そうした個人情報を使っていたという。

この事件は結局、不起訴となったが、こうした個人情報を売買するビジネスが今、闇社会では大流行している。

住所や家族構成から車のナンバー、携帯電話番号まで、すべての情報が役所や企業などから漏れ出たものだ。中には携帯電話を販売したメーカーの人間や、取り締まりに当たった警察官、法的手続きを担当する司法書士や行政書士まで含まれており、個人情報を扱う闇市場はなかなか盛況のようである。

さて、このように自分のパソコンにいつの間にか潜んでいたウイルスが、ある日突然、見たことも聞いたこともない人物からの指令を受けて、所有者の意志とは関係なく暴走を始める。それも「飛行機を爆破する」だの「小学生を皆殺しにする」だのと、物騒なこと極まりないのだから、驚きを通り越して呆然《ぼうぜん》と立ち尽くしてしまうのである。

その典型的な例が一一年夏、東京都大田区《おおた》のごく普通のコンビニエンスストアで起きた。

警視庁の刑事たちが突然、店にやってきて、店長にこう言ったのだ。

「この店が北朝鮮によるサイバー攻撃の拠点になっている疑いがあるので、徹底的に調べさせてもらいたい」

刑事によれば、前述した一一年三月の韓国大統領府のウェブサイトなどへのDDoS攻撃の指令の一つが、この店から発信されていたという。

キツネに摘《つま》まれたような顔で立ち尽くした店長を尻目《しりめ》に、警察が徹底的に捜索を続けた結果、何と、店の防犯カメラがパソコンと同じようにウイルスに感染し、外部から遠隔操作されていたことが判明したのだ。

コンビニの防犯カメラと同じように遠隔操作されたコンピューターは、ほかに七十か国七百五十台に及び、そこから韓国内のパソコン約十万台に攻撃指令が出されたことが分かったのだ。

ありふれた風景の中の「目に見えない恐怖」が、そこにあった。

国際ハッカー集団に迫る

「私たちは二人とも、アノニマスの理念に賛同する匿名の一個人です。アノニマスを代表する者ではないし、話すことはあくまで私見と思って下さい」

英国の伝説的反逆者ガイ・フォークスをモデルにデザインした仮面をつけて現れた二人に、取り敢《あ》えず、自己紹介を願うと、こんなことを言い出した。

――言葉遣いから見ると日本人、声質から男性と考えていいですね。

「まあ、日本の人です」

いかにも「怪しい奴」らである。私は基本的に匿名情報は疑ってかかることにしている。特に、きれいごとや模範回答に終始している輩《やから》の話は、嘘が混じっていることが多く、中身を慎重に吟味しなくてはなるまい。

最初に「アノニマス」に会ったのは二〇一二年十月下旬だった。その時の対談相手は一人で、大義名分論に終始していたため、インタビューとしてはあまり成果を挙げられなかった。そこで私見でいいから本音を語る——との約束を取り付けて十一月初旬に再び、インタビューに臨んだが、本音を吐露させるには時間がかかった。

——遠隔操作ウイルスを使った事件が発生し、無実の人間が四人も誤認逮捕される事態となっているが、あなたたちがやっている抗議活動とどこが違うのか。

「遠隔操作ウイルスなんて古典的な手法だし、パソコンに詳しい人間なら、あのぐらいのウイルスは高校生でも作れます。ネット上で入手することもできるはず。むしろ日本の警察当局が迅速に対応できなかったことに驚いたぐらいです」

——犯人は若い人の可能性が高い？　わざとそう装っているのではないですか。

「それは分かりません。ネット上には頻繁に、あのウイルスの作り方を解説した書き込みが出ています。すぐに削られて、またすぐ出てくる。イタチごっこというヤツです」（犯人逮捕前のインタビューでの発言です）

——あなた方は遠隔操作ウイルスを作ったことはありませんか。

「私（二人のうち年輩者と見られる男性）は中学生の頃からコンピューター、特に他のパソコンに侵入することに興味がありました。遠隔操作プログラムは、高校二年の時に作りましたし、正直言って、一日もかかりませんでした」

遠隔操作ウィルスは一九九八年、米国のハッカーグループが初めて作成した、とされている。二〇〇六〜〇八年には、感染したパソコンの機能をほとんど操れる高機能の新種が登場。感染したパソコンのウェブカメラで使用者がパソコンの前にいないことを確認した後、メールやファイルの内容を盗み見たり、コピーして外部送信することなども自由に選択して行えるようになった。

遠隔操作ウィルスに感染する主なパターンは、

①メールに添付して送りつける。
②ウィルスが仕込まれたウェブサイトを閲覧させる。
③ＵＳＢメモリーやＣＤ-Ｒにウィルスを潜ませて、使わせる。

――の三点だが、知人を装ってメールを送るなど、手口は巧妙化しており、防ぐのはなかなか難しいという。

――遠隔操作ウィルスは、犯人がネット上の無料ソフトに埋め込み、ダウンロードしたパソコンを意のままに動かすことができるというもの。人の心を弄《もてあそ》んでいいのですか。

「人間は目に見えないものをなかなか信じられない。だから、近くに何か目に見えないモノがいるのが怖いんです。自分に対して厳しく、そして、何事にも柔軟に臨むことが大事なのではないでしょうか」

——何を言っているか分からない。あなたたちは通信の自由を守りたいと言ってきたはずで、それなら仮面など被《かぶ》らずに正々堂々と論戦を行えばいい。

「今回の著作権法改正は音楽業界の意向を受けた、誰もが犯罪者になり得る恐ろしいもの。私たちは自由な世界を実現し、自由を妨害する者を攻撃します。ただ、それを妨げる者たちは権力を持っているケースが多いため、ネットを使って攻撃するしかないんです」

アノニマスは、動画や音楽に関する海賊版ソフトの違法ダウンロードに刑事罰を科するという日本の改正著作権法に反対し抗議するとして、一二年六月下旬、財務省や最高裁、民主党などのＨＰを攻撃すると宣言。大量のデータを送りつけ、ＨＰが一時閲覧できなくなるなどの障害を発生させる「ＤＤｏＳ」攻撃を行ったという。

「シベリア郵便局」を経由して

――あなた方はなぜ、匿名で攻撃したり、行動するのか分からない。

「世界中にはいろいろな人々が生きています。精神的に弱い人や、病気がちな人、さまざまな事情があって表に出て来られない人。彼らを匿名にすることによって、一人一人の声を大きくすることが可能になります」

――仮面はどんな狙いがあるのですか。

「私たちが目立つことによって、メディアが大々的に報道してくれますし、行動がさらに積極的になり、行動の輪も広がっていきます。攻撃された側は心理的に圧迫されて、何か一つでも改善策を考えるようになるでしょう」

――それにしても、匿名化ソフト「Ｔｏｒ」（通信を行う際に、海外のサーバーを何か所も経由させるソフト）まで使わなければならないことなのか。

「中国のように事実上、政府の監視を受けてネットを使う国があれば、Ｔｏｒは必要でしょう。エジプトの民主化運動やチュニジアで勃発《ぼっぱつ》した〝ジャスミン革命〟の際、私たちの仲間は弱い立場の改革派の人々にデモに関する情報などを提供し、抵抗運動に協力しました。反体制の立場から自由や人権を守ろうとする時はTorは必要です。インターネットで簡単に入手できますし、パソコンに習熟していれば、五分もあれば使えるようになります。そんな秘密兵器のようなものではありませんよ（笑）」

――ネット掲示板「2ちゃんねる」の「ソフトウェア板」のように、「Tor」ソフトが使えない時は、アノニマスはどうするのか。遠隔操作ウイルス事件の犯人は、書き込み代行（誰かが投稿したいページとその内容を書き込むと、それを見た人が代わりに書き込みを引き受ける仕組み）を利用し、身元を隠していたが……。

「あの犯人が書き込み代行用に使っていたのは、『シベリア郵便局』と呼ばれるページです。投稿者の身元を隠すには打って付けのページでしょう。犯人が伊勢神宮爆破を予告した際、最後に経由したサーバーを管理していたのが、ドイツのハッカー集団『カオス・コンピューター・クラブ』です。彼らは警察当局には絶対に協力しないでしょう。そういう百戦錬磨のメンバーが揃ってこそ、初めてサイバー犯罪は成立するんです」

――そうなると、外の複数のサーバーを経由する方法は難しい？

「いや、ほんの少し専門知識があれば、簡単にできます。最新のウイルス対策ソフトでも検知されないタイプの遠隔操作ウイルスは、開発した者しかできないですが、それ以外は大抵のものがすぐできます。それでも、ＩＰアドレスだけを頼りに、発信元を辿《たど》るだけの警察には絶対に捕まえられない。ハッカー仲間にそんな印象を植え付けた事件ですね」

アノニマスは二〇〇三年、「ムート」というハンドルネームの米国少年が一つの掲示板を立ち上げたことから始まった。最初はアニメオタクによる意見交換の場だったが、やがてメンバーの一部がサイバー攻撃を仕掛けるようになった。

その名前が有名になったのは一一年四月、英国のジェイク・デイビス少年がソニー・プレイステーション鉄壁といわれたオンライン・サービスへ侵入したとされ、サイバー攻撃を仕掛けて逮捕されたことが発端だった。一億人以上の個人情報流出の可能性が発覚し、サーバー上に「アノニマス」という名称のファイルが発見されたため、全世界に「アノニマス恐るべし」の声が上がったのだ。結局、六月に三人が逮捕（後に釈放）されたが、アノニマス側は関与を否定している。

――アノニマスはネット上の「言論の自由」を掲げて、ネットに規制が入る度に、不正アクセスなどで抗議活動を進めるハッカー集団と聞いていますが、結構、激しい行動も取っていますね。

「何回も言いますが、私たちは目立たなければ意味がない。世の人々に、目を見張り耳を傾けてもらわないと駄目なんです。万人に迷惑をかけないで抗議活動を行うことは、まず不可能と言っていいでしょう」

――ウィキリークスのジュリアン・アサンジのような絶対的なリーダーはいないのか。メンバーは海外、特に英語圏内の住人という印象が強いのですが……。

「私たちは同じ考えのメンバーがネットで連係している点が特徴です。リーダーはいませんし、メンバーは海外在住者が多いのは事実です。私たち日本の人はまだまだ数が足りません。それで日本での抗議活動が遅れ気味になってしまい、（改正著作権法が可決・成立した後で抗議活動を展開するというような）ミスを犯しました。日本語のＨＰがようやく立ち上げられるようになりました」

――若い人材をどうやって育成していますか。同好の士が集まるだけでは、これだけの組織は維持できないはずだが……。

「私は答える立場にない。会員制ハッカーサイトがあって、私も在籍していた時期がありましたが、そこでいろいろな技術を学んだ気がします」

――それは未成年者を含め若者たちが集うサイトで、最初は自作ウイルスを競ったり、ゲームの裏技のプログラムを作ったりするが、やがてパソコンを破壊する技術を学んだり、ゲーム会社のサーバーに不正侵入するなど一人前のハッカーを養成すると聞きました。

「ノーコメントです」

——不正なアクセスとはいったい、どんな手口なのか。

「不正アクセスの方法など知らない方が身のため。警察当局がいくら我々から手掛かりを得ようとしても、解明できる可能性は全くありません」

アノニマスの関連組織「アンチセック」が、米アップル社の高機能携帯電話の「iPhone（アイフォーン）」や多機能情報端末「iPad（アイパッド）」計千二百万台の利用者名や住所、電話番号などの情報を盗み出したとして、その一部をネット上に公開した。メンバーによると、米連邦捜査局（FBI）捜査官のノートパソコンに侵入し、情報を入手したという。

——組織を維持する資金はどうやって獲得しているのですか。

「答える立場にありません」

――ハッキングを行うことで何らかの報酬を得られるのではないか。

「…………」

――ハッカーにサイバー攻撃を依頼する闇サイトがあることを知っている。遠隔操作できる感染パソコンを世界各地で大量に保有し、それをネットワーク化して、いかなる事態にも応《こた》えられるようにしているといいます。それらを注文に応じて、攻撃なら一時間十ドル、一週間三百ドル、一か月千二百ドルで貸し出す。ウイルスに感染したパソコンならば最低一台六百五十〜八百ドルで売るなど何でもカネに換えられるようになっているそうです。アノニマスは関わりはないのか。

「…………」

この後はいくら語気を強めて追及しても、彼らの口から具体的な答えは返って来なかった。それでも必死に答えようとしたのだろうか、アノニマスの二人はぐったりとした様子で、インタビュー会場を後にした。

そんな二人の様子を一部始終、隣の部屋で見ていた男がいる。この独占インタビューをコーディネートした人物で、自らも「アノニマス」の一員だと自己紹介した。

「まあ、彼らが言えるのはあそこまでやろう」

男はそういうと、全く違う話を始めた。

二〇一二年一月、都内のK社をはじめとする日仏の機械・電子機器メーカー四社が、米国のベンチャー企業に強烈な一言を浴びせられた。その企業が、四社が共同開発した工場・変電所の機械類を動かす制御装置を制御不能にするハッキング手法を見出《みいだ》し、インターネット上で公開すると通告してきたのだ。

「制御システムは無防備で、攻撃者がその気になれば、簡単に破壊できることを、社会に伝えたかった」

ベンチャー企業の代表はそう語る。が、実際、攻撃者がネットを悪用すれば、その制御装置を使う世界中の工場の生産ラインが止まったり、停電や火災などのトラブルが発生する危険性は極めて高い。

実は、同じような出来事が都内の別のメーカーやビル管理会社で密《ひそ》かに進行し、こちらは〝暗黙の脅迫〟でそれぞれ数億円の解決金を支払って、表沙汰《おもてざた》にさえならなかった。

ハッキングがマネーに変わった瞬間――目に見えない恐怖が巨額のカネを生んだのである。電気も空調もエレベーターも遠隔操作ウイルスに支配されれば、無力化してしまう。

「やめて欲しければカネを出せ」の一言で、人間も無力化するしかないのだ。

そして、それをなし遂げた人物が、隣室で様子を窺《うかが》っていた男であった。

男は冷たい笑いを浮かべていた。なぜなら、彼はネットセキュリティー対策の強化で膨大な需要が生まれる、ウイルス対策などの情報セキュリティー関連銘柄に目を付け、株式投資でしっかりと儲《もう》けていたからだ。サイバー空間監視ビジネスでさえ、まんまと手玉に取ったのである。

男が差し出した名刺には《投資コンサルタント会社社長》の肩書が付いていたが、その正体は、山口組系の企業舎弟であることが分かった。

「マネーの闇」は文字通り、闇社会に直結していたのである。

文庫版　あとがき

二〇一六年秋頃から二〇一七年初めにかけて、なぜか、二十世紀の最終盤に当たるバブル経済の絶頂期や崩壊後の社会情勢、犯罪、人々の生活ぶりなどについて「面白いニュースや書いていない話題があったら、是非とも執筆して欲しい」といった要望や問い合わせが数多く寄せられた。

確かに、その頃の事件や捜査などについて書かれた小説やノンフィクション作品が読まれているようだし、政財界の大物や黒幕たちの自伝や評伝、銀行や企業の内幕物がベストセラーになっているとも聞く。

何を言い、何を仕出かすか分からない米国のトランプ大統領の誕生や外交、経済、軍事などあらゆる面で強気に政策を推し進める中国・習近平《しゅうきんぺい》政権の行く末、ISなど過激派による内戦やテロの勃発《ぼっぱつ》……といった不安要素が、明るく意気軒昂《けんこう》だった昔を振り返らせるのか、はたまた、その厳しい結果予測と反省に立ち、豊かで力強い一歩を踏み出す心構えのためなのかは定かではない。が、人々は自ら何か確固たるものを求めているのではないかとの気配を感じてならない。

モノ書きの端くれとして、そうした人々の気持ちやニーズに応《こた》えられるような作品を取材し、執筆したいと考え、モンモンとしていた。ちょうどその頃、本書を執筆する機会を得たため、以前に書いた原稿やら昔の資料類などを引っ繰り返していたら、「経済ヤクザ」という言葉が目に止まり、「経済ヤクザ」について書いてみようかという気になってきた。

幸い、拙著の中に角川書店（現在のKADOKAWA）から二〇一二年から一三年に「闇の三部作」として出版した『国家の闇』『人間の闇』『マネーの闇』（いずれも角川oneテーマ21新書）という、初心者が読んで理解できるように書いた〝分かりやすいテキストブック〟があった。

それらを読み返してみて、いい意味でも悪い意味でも、現在の世の中を築き上げた一九八〇、九〇年代を検証し直してみたくなった。そのうち政財界を巻き込んだ国家レベルの犯罪を追及した『国家の闇』と、狡猾《こうかつ》かつ知能的な手口とスケールの大きいマネー犯罪を追いかけてリポートした『マネーの闇』を中心に、「経済ヤクザ」に焦点を絞って大幅に書き直し、さらに新しい原稿を書き加えたのが本書である。

いかなる世界にも表と裏の顔があり、光と影の部分がある。

この相反する世界が、ある時は対立し、ある時は相互補完しながら膨張していく様を、闇社会の住人たちの言動から冷静かつ客観的に見つめることで、現代社会に潜む「真実」を見極めたいと考え、大物経済ヤクザをはじめ企業舎弟から捜査・司法関係者、国際ハッカー集団・アノニマスのメンバーまで直撃インタビューを敢行した。

著者がこれまで行ってきた取材で積み上げた膨大な取材ノートと、密《ひそ》かに入手した捜査資料を元に今、マネー犯罪に暗躍する「経済ヤクザ」の実像を明らかにし、経済犯罪の源流に迫ったと自負している。

なお、本書に登場する人物については、初出で肩書を記した以外は、原則としてすべて敬称を略させて頂いた。また、彼らの肩書や年齢は事件発生時など記述内容当時のものであることを最後に付記したい。

二〇一七年一月

一橋　文哉

主要参考文献

『闇に消えた怪人―グリコ・森永事件の真相』（新潮文庫）一橋文哉
『「赤報隊」の正体―朝日新聞阪神支局襲撃事件』（新潮文庫）一橋文哉
『未解決―封印された五つの捜査報告』（新潮文庫）一橋文哉
『となりの闇社会―まさかあの人が暴力団？』（ＰＨＰ新書）一橋文哉
『餃子の王将社長射殺事件』（角川文庫）一橋文哉
『田中角栄　消された真実』（弘文堂）木村喜助
『ロッキード事件　疑獄と人間』（朝日新聞社）朝日新聞東京本社社会部
『冒頭陳述―政治家・暴力団・バブル紳士の事件簿』（毎日新聞社）サンデー毎日特別取材班
『影の軍隊「日本の黒幕」』（新日本出版社）「赤旗」特捜班
『サイバー犯罪対策ガイドブック―基礎知識から実践対策まで』（民事法研究会）末藤高義
月刊誌「新潮45」（新潮社）ほか雑誌類
朝日、読売、毎日、産経、日経の各新聞

本書は、小社から刊行された新書『国家の闇　日本人と犯罪〈蠢動する巨悪〉』『人間の闇　日本人と犯罪〈猟奇殺人事件〉』（ともに二〇一二年三月刊）、『マネーの闇　巨悪が操る利権とアングラマネーの行方』（一三年一月刊）からそれぞれ抜粋したものに、大幅に加筆修正して文庫化したものです。

経《けい》済《ざい》ヤクザ

一《いち》橋《はし》文《ふみ》哉《や》

平成29年 2月25日　初版発行
令和6年 4月30日　17版発行

発行者●山下直久

発行●株式会社KADOKAWA
〒102-8177　東京都千代田区富士見2-13-3
電話　0570-002-301(ナビダイヤル)

角川文庫 20197

印刷所●株式会社KADOKAWA
製本所●株式会社KADOKAWA

表紙画●和田三造

●お問い合わせ
https://www.kadokawa.co.jp/（「お問い合わせ」へお進みください）
※内容によっては、お答えできない場合があります。
※サポートは日本国内のみとさせていただきます。
※Japanese text only

ISBN978-4-04-104736-1　C0195

◆◇◇

角川文庫発刊に際して

角川源義

第二次世界大戦の敗北は、軍事力の敗北であった以上に、私たちの若い文化力の敗退であった。私たちの文化が戦争に対して如何に無力であり、単なるあだ花に過ぎなかったかを、私たちは身を以て体験し痛感した。西洋近代文化の摂取にとって、明治以後八十年の歳月は決して短かすぎたとは言えない。にもかかわらず、近代文化の伝統を確立し、自由な批判と柔軟な良識に富む文化層として自らを形成することに私たちは失敗して来た。そしてこれは、各層への文化の普及滲透を任務とする出版人の責任でもあった。

一九四五年以来、私たちは再び振出しに戻り、第一歩から踏み出すことを余儀なくされた。これは大きな不幸ではあるが、反面、これまでの混沌・未熟・歪曲の中にあった我が国の文化に秩序と確たる基礎を齎らすためには絶好の機会でもある。角川書店は、このような祖国の文化的危機にあたり、微力をも顧みず再建の礎石たるべき抱負と決意とをもって出発したが、ここに創立以来の念願を果すべく角川文庫を発刊する。これまで刊行されたあらゆる全集叢書文庫類の長所と短所とを検討し、古今東西の不朽の典籍を、良心的編集のもとに、廉価に、そして書架にふさわしい美本として、多くのひとびとに提供しようとする。しかし私たちは徒らに百科全書的な知識のジレッタントを作ることを目的とせず、あくまで祖国の文化に秩序と再建への道を示し、この文庫を角川書店の栄ある事業として、今後永久に継続発展せしめ、学芸と教養との殿堂として大成せんことを期したい。多くの読書子の愛情ある忠言と支持とによって、この希望と抱負とを完遂せしめられんことを願う。

一九四九年五月三日